構造倫理講座 III

〈生命〉の倫理

中村 元
Nakamura Hajime

春秋社

〈生命〉の倫理——構造倫理講座III

目次

略号表

Ait. Br.	*Aitareya-Brāhmaṇa.*
AKV.	U. Wogihara, *Sphuṭārthā Abhidharmakośavyākhyā by Yaśomitra,* Tokyo, 1932–1936.
AN.	*Aṅguttara-Nikāya.*
Ay.	*Ayārāṅga-sūtra,* erster Srutaskandha, Text, Analyse und Glossar von Walther Schubring (*AKM,* hrsg. von Deutschen Morgenländischen Gesellschaft, XI Band, Nr. 4, Leipzig, 1910).
Bhag. G.	*Bhagavad-gītā.*
Bodhic.	*Bodhicaryāvatāra.*
Bṛhad. Up.	*Bṛhadāraṇyaka-Upaniṣad.*
Buddhac.	*The Buddhacarita, or Acts of the Buddha,* pt. I, Sanskrit Text, ed. by E.H. Johnston, Panjab University Oriental Publications, No. 31, published for the University of the Panjab, Lahore, Calcutta, 1935.
Chānd. Up.	*Chāndogya-Upaniṣad.*
CuN.	*Culla-Niddesa.*
Dhp.	*Dhamma-pada.*
DhpA.	*Dhammapada-Aṭṭhakathā.*
Divyāv.	*Divyāvadāna*, ed. by E. W. Cowell and R. A. Neil, Cambridge, 1886.
DN.	*Dīgha-Nikāya.*
ERE.	*Encyclopaedia of Religion and Ethics,* ed. by James Hastings, Edinburgh, T. and T.

	Clark, 1908.
Itiv.	*Itivuttaka,* Pali Text Society, London, 1890.
Jātaka	*The Jātaka, together with Its Commentary, being Tales of the Anterior Births of Gotama Buddha,* ed. by V. Fausböll, 7 vols., Pali Text Society, London, 1964.
Kauṣ. Up.	*Kauṣītaki-Upaniṣad.*
Laṅk.	*The Laṅkāvatāra Sūtra,* ed. by Bunyiu Nanjio, Kyoto, 1956.
Manu.	*Manusmṛti.*
MBh.	*Mahābhārata.*
Mhṛ.	*Madhyamakahṛdaya* of Bhavya.
MN.	*Majjhima-Nikāya.*
MPS.	Mahāparinibbāna-suttanta.
Pj.	*Paramattha-jotikā.*
PTS.	Pali Text Society.
ṚV.	*Ṛg-Veda.*
SaddhP.	1. *Saddharmapuṇḍarīka-sūtram*, ed. by U. Wogihara and C. Tsuchida, Tokyo, 1934–1935. 2. *Saddharmapuṇḍarīka*, ed. by H. Kern and B. Nanjio, Bibliotheca Buddhica X, St.-Petersbourg, 1909–1912.
Śatap.	*Śatapañcāśatka-stotra.*
Sat. Br.	*Śatapatha-Brāhmaṇa.*
SBE.	Sacred Books of the East, translated by various Oriental scholars and edited by F. Max Müller, Oxford, Oxford University Press, reprinted by Motilal Banarsidass, Delhi.

Śikṣ.	C. Bendall, ed. *Śikṣāsamuccaya : A Compendium of Buddhist Teaching Compiled by Śāntideva Chiefly from Earlier Mahāyānasūtras.* Bibliotheca Buddhica, 1. St.-Petersburg, 1897–1902.
SN.	*Saṃyutta-Nikāya.*
Sn.	*Sutta-nipāta.*
Spk.	*Sārattha-ppakāsinī.*
Sūy.	*Sūyagaḍaṅga,* critically edited with the text of Niryukti, by P. L. Vaidya, Poona, 1928.
Sv.	*Sumaṅgala-vilāsinī.*
Śvet. Up.	*Śvetāśvatara-Upaniṣad.*
Tait. Ār.	*Taittirīya-Āraṇyaka.*
Tait. Br.	*Taittirīya-Brāhmaṇa.*
Tait. Up.	*Taittirīya-Upaniṣad.*
Therag.	*Theragāthā.*
Therīg.	*Therīgāthā.*
Tj.	*Tarkajvālā.*
Ud.	*Udāna.*
Udv.	*Udānavarga*, herausgegeben von Franz Bernhard, 2 Bände Sanskrit texte aus den Turfanfunden X, Abhandlungen der Akademie der Wissenschaften in Göttingen, Philologisch-Historische Klasse. Dritte Folge, Nr. 54, Göttingen, Vandenhoeck und Ruprecht, 1965. ただし必要に応じては次のテクストをも参照した。 *Udāna-varga.* N. P. Chakravarti, *L'Udānavarga Sanskrit.* Texte sanscrit entranscrip-

tion, avec traduction et annotations, suivi d'une étude critique et de planches. Tome Premier (Chapitres I à XXI), Mission Pelliot en Asie Centrale. Série Petit in Octavo, Tome IV, Paris Paul Geuthner, 1930.

Up. *Upaniṣad.*

Utt. *The Uttarādhyayanasūtra*, ed. by J. Charpentier, Uppsala, 1922.

Vinaya *The Vinaya Piṭakaṃ : One of the Principal Buddhist Holy Scriptures in the Pāli Language,* ed. by Hermann Oldenberg, 5 vols., Pali Text Society (Reprint by Luzac & Co. Ltd., London, 1964).

『ジャータカ全集』 中村元監修『ジャータカ全集』全一〇巻、春秋社、一九八二―一九九一年。

善生経I 仏陀耶舎・竺仏念訳『長阿含経』(一六)『善生経』(大正蔵、一巻七〇―七二)。

善生経II 瞿曇僧伽提婆訳『中阿含経』(一三五)『善生経』(大正蔵、一巻六三八―六四二)。

六方礼経 安世高訳『仏説尸迦羅越六方礼経』一巻(大正蔵、一巻二五〇以下)。

他の略号は、インド学者たちが国際的に使用しているものを用いる。

〈生命〉の倫理——構造倫理講座III

第一章　生命の概念

従来多くの哲学者は、真に実在するものは何であるか、ということを明確に把捉し、それと自分とのかかわりを理解して自己を位置づけようと試みた。

しかし真に実在するものは、哲学者の思弁からは出て来なかった。また客観的自然界に関する限り、自然科学者の考えに委ねられねばならず、一般世人は自然科学者の言うところを承認せざるを得ないが、しかし原子物理学にいかに精通しても、われわれがいかに生きるべきであるか、ということは解明されない。

われわれは何を手がかりにしたらよいのであろうか？　われわれにとって直接自明な事実は、次のことである。

われわれは生きている。生きているということを、なんぴとも疑わない。生きているからには、「いのち」の問題はわれわれにとって最も重要な問題である。

しかし、何かの折に、「生きている」というのはどういうことであるか？「生命」とは何か？

という反省の起こることがある。

例えば、他人の死に直面したときに、そのような疑問が起こる。あるいは病気になって、ひょっとしたら自分は死ぬのではないか、と不安になったとき、「生命」についての反省が起こる。「動物は死においてはじめて死を知る。人間は一刻一刻意識しながら死に近づいていく。このため、生命そのものにこのような不断の破滅の性格があることをはやくも見抜いていない人でさえ、ときとして生きることが気掛りとなる。人間が哲学と宗教をもっているのは主としてこのためにほかならない(1)」

しかし宗教や哲学の領域に人を目覚めさせるのは、それだけにとどまらない。刑而上学あるいは宗教的な領域にまで思いを馳せるならば、人は他の生物の生命を消費することによって生きている。「生きる」というのは、文字どおり「食う」ことである。この苛烈な現実をどう考えたらよいのであろうか?

こういう反省は、南アジア・東アジアのほうに強く起こり、西アジアやヨーロッパではさほど起こらなかったかもしれない。

しかしともかくこのような事実を考えると、「生命」ということに関する反省を、われわれは否応なしに迫られるのである。

哲学や論理学において最も抽象的な概念は「有る」(to be) ということであるが、発生史的に見ると、「有る」とは「生きている」ということであった。インドのサンスクリット語について言えるばかりでなく、ギリシア語の esti やラテン語の est も、「有る」と同時に「生きる」(to live）を意味していたのである。これらの語を「存在する」と訳すことについては、いままでに論議があったが、ともかく漢字の「存」も「在」も、他人がどこかに生きていることを意味していた。だからまず人間にとっては「生きていること」の発見が先にあって、のちに「有」の形而上学が発展したのである。

だから「生きる」ということは、われわれにとって本源的なことなのである。

和語では昔から「いのち」といい、漢語では「生命」「寿命」という。それは人間の「自己」とは異なったものである。人間は誰でも「自分は生きていたい」と思う。少なくとも自分が生きていることが他の人にとって害を与えうるものでない限りは、生きていたいと思う。定命《じょうみょう》を全うしたいと思う。ところが自分の意に反して死ぬ、ということが起こる。そう思うと「生命」は「自己」とは異なったものである。

まず、生命というものを東洋においてどう考えていたか。「生きる」ということを考えたときに、中国人が第一に連想したのは、草に見られる生命現象であった。「生」という文字の意義については古典的中国においては二つの説が行なわれていた。一つは、この文字は象形文字であり、草木が生じ、次第に成長して土の上に出る形屮土に象ったのであり、下の一は土に象り、上の屮は草の成長に象ったのだという。他の一説によると、会意文字であり、つまり、屮と土との合字であり、屮（草木の初生）が成長して土の上に出る意であるという。[2] いずれにしても、草木の生まれ出ることを考えていたのであり、「生きる」ことの原初的形態は植物的生命現象であると解していたのである。

中国人は草木のもっている生命力に驚異の眼をもって接していた。植物界のうちでも特に下等なものである雑草の生命力に注視して、「草」という字を用いた。植物の生命力が早いテンポで成長するのを表現している。凍てつける大地から萌え出ずる新しい草の芽を見ていると、生命力の圧力を感ずる。中華人民共和国の奥地には、土砂と岩石の曠野が果てしなく続いていて、水流もない。その荒地に、小さな石塊にへばり着くように雑草が萌え出ているのは、大きな驚異である。その驚異の眼をもって、かれらは草を見つめたのである。

しかしまた中国人は、動物の、否、人間の生をも具象的に理解し、表現していた。「活」という字はサンズイに舌と書く。舌に水がなくなったときには、人間は生きて行けない。中国大陸の乾燥した風土を旅して、喉が乾いてしょうがないという生活体験をした人には、ピンとくる表現である。湿潤の地、日本の人々にはなかなか理解できないことである。しかし日本人も、生活、活力、活動などという語を用いるようになった。

ところで、生命の概念規定の問題であるが、普通、われわれが「生命」というときには、英語のライフ（life）とか、ラテン語のヴィタ（vita）という言葉で表示される現象を考えて、それをおそらく日本語で生命と訳しているのだと思う。東洋思想の根源にさかのぼって考えてみると、インドでは非常に古い時代に生命の問題が自覚されていて、prāṇa, asu などという言葉で表示されていた。prāṇa というのは息のことである。人間が呼吸し、生きているあいだは生命の活動ないし生命現象が認められる。ところが死んでしまえば息がなくなるから、そこで原始人においては、息と生命とが同じように考えられていた。その観念は、インドにおける最古の古典である『リグ・ヴェーダ』のなかにみられる。『リグ・ヴェーダ』は西紀前約一〇〇〇年、いまから約三〇〇〇年前につくられた神々への讃歌集である。その『リグ・ヴェーダ』のなかで、プラーナが息を意味するとともに生命を示すものと考えられている。

このように、「いのち」は「いき」であるという生命観はインドではすでにヴェーダにおいて現れているのであるが、さらに人間の生命力・生き生きとした力を意味するときには、asu という。

わが国でも「いのち」という語は「いき」と結びつけて通俗語源的に説明されてきた。その解釈が学問的に正しいかどうかは、専門家の決定をまたねばならぬが、そのように信ぜられていたということは確かな事実である。

「いき」「呼吸」を生命とみなす見解は他の諸民族とも共通であった。ギリシア語では、もともと「いき」を意味する psykhē という語が、のちには霊魂を意味することになり、それが個体の生命を司る原理とみなされた。ラテン語でも、もともと、動く空気、そよ風、呼吸を意味した anima という語が、また精神、生命を意味するようになった。

このようにわれわれが呼吸する空気は、われわれを生かしめている生命そのものでなければならぬということは、古代諸民族を通じて当時の一般的観念であった。「気息―魂」というのは世界的にひろまっていた概念なのであった。(3)

近代科学の成立とともに当然精密な見解がもとめられるようになったのであるが、生命と呼ばれる現象のすべてを満足に説明することのできる定義は、まだ現代の科学者によっても見出されていない。生命と非生命との境界は互いに入り交り、ぼやけていて見分けることができない。そこで生命に関しては一定の定義が存在しない。

生物学の諸分野で研究は驚くほど進歩したにもかかわらず、「生命とは何か」ということに関しては専門諸学者のあいだで必ずしも意見は一致していない。普通は生命とは、食物の摂取、排泄、呼吸、運動、成長、生殖などの機能を営み、かつ外から加えた刺激に対して反応する体系であると考えられて来た。しかし現在多くの生物学者に採用されている見解は、生命ある体系とは「外界との間に明確な境界をもち、その構成物質の一部は絶えず外界との間で交換されているにもかかわらず、少なくともある期間についてみるならば、その全体としての性質は変化せずに保たれているものである」[4]というのである。

現代では生命科学の発展の結果、生命の中核はＤＮＡにあるということが判明したと言われている。ＤＮＡはデオキシリボ核酸の略称である。しかしそのＤＮＡの本質を解明すると、また他の概念を想定せざるを得ない。かくして無限遡及に入らざるを得ない。

生命現象は、生命のない物理現象を基礎としてその上に成立している。生命現象はつねに物理現象の法則にしたがうが、物理現象には必ずしも生命現象の法則は適用され得ない。

生命現象は物質の上部構造とでもいうべきものであるから、下部の構造を支配する法則は上部の構造をも支配するが、逆に上部の構造を支配する法則は必ずしも下部の構造を支配しない。たとえば新陳代謝、生と死、生殖、遺伝に関する法則は生物を支配するが、物理現象を支配するものではない。

他方、生命現象は、心理現象・精神現象に対してはその下部構造を形成している。自然界における生命現象を、どこまでも対象として詳しく研究することは、自然科学者の仕事である。しかし生命という問題に関していかなる態度をとって生きるべきであるか、ということは、自然科学それ自体からは出て来ない。次にこの問題を追究したいと思う。


歴史以前の時代における原始人たちが、生命について何を願望していたかは解らない。しかし歴史時代に入って記録が残っている時代になると、人々は、いつまでも生きながらえて長寿であることを願っていた。

第一の段階の思想は、現在における生命がいつまでも続くことを願望する。

バビロニアの古い神話であるギルガメシュ物語によると、半神半人のギルガメシュが神のように限りなく長く生きることを願い、不老不死の薬を求めて諸国を遍歴したというのである。

イスラエルにおいてそれを示すものは、いわゆる「禁断の木の実」の物語である。旧約聖書のうち創世記の始めの部分に述べられている「いのちの木」の物語である。その木の実を食べると神のように限りなく生きることができると信じられていた。そこでその木の実が盗まれないように、神は炎の剣を置いて番をさせていたが、人間がそれを食べたために罰を受けたというのである。

イスラエルの預言者たちに共通している思想は次のごとくである。――神が命ずる正義を行なわないときには、ユダヤ人は、個人としても死に、また国家としても滅亡する。このような神の罰を免れるために、正義を行なった場合には、個人のいのちが栄え、また国家のいのちが栄えるというのである。

インドにおいても、こういう願望はヴェーダ時代に現われ、祭祀によって長寿を祈ることが望まれていた。「一〇〇歳を生きよ」(jīva śaradāṃ śatam) というのは、ヴェーダ時代から今日に至るまでとなえられる句である。

シナ人のあいだでも現代における「不老長寿」を達成する道術は、特に道教によって強調され、今日までつづいている。道教の祖であるとされている老子の説いたところは、無為自然の道を体得して生きることであったが、後代の道家は、特殊な「道術」または「仙術」と呼ばれるものを説き、この身において不老長生を実現することをめざしたのである。

以上のことは古代人の願望だからといって、軽く見たり、さげすんだりしてはならない。現代人といえども、心の底では同じことを希求しているのであり、日常の挨拶に出て来る言葉もだいたいこのようなことである。

しかし、人間はいつかは死ななければならぬ。それは避けがたい運命である。そこで人々は来世における永生を願うようになった。

この第二の階段の思想は次のごとくである。——この世で死ぬことがわれわれの生命の終りではなくて、死後にあの世においてさらに生命がつづくということである。それは元来的な生命の拡充への願いである。

インド最古の文献である『リグ・ヴェーダ』はバラモン教の最古の聖典であるが、そこではつぎのように考えていた。――われわれの肉体というものは死とともに滅びる。しかし霊魂は不滅である。霊魂を意味する言葉としては心とか、あるいは呼吸を意味する言葉が用いられていた。すなわちアス、プラーナ、アートマンというような言葉である。そして、死者の霊はこの世を去ると、遠い彼方にある、先祖の霊魂の住まっているところに赴く。そこは永遠の楽土で、楽しいところである。その場所は最高の境地であり、緑の木陰、美食の饗宴、歌舞音曲に恵まれた理想の境地である。そこで自分の祖先とふたたび会うことができる。その楽土は死者の王ヤマ(yama)が支配していた。この世界の楽土に到達するためには、人々は行ないに気をつけなければいけない。とくに祭りを行ない、婆羅門（祭りを司る人）に対しては布施をして、身を慎み、苦行をする。それによって最高の天に到達しうる。また戦場で倒れた勇士もやはりそこに到達しうると考えた。

他方、悪人の運命についてては詳しい説明がないけれども、死後の審判、地獄の観念はその時代には現われていない。ただこの世は楽しいところであり、また死んで行くところも楽しいところである。どこまでも生を楽しむという気持ちが強かった。ことにのちのインドになると、厭世観、世を厭う気持ちが強くなるが、最古の時代にはこれはなかったのである。

後代には死者の王ヤマが仏教にとり入れられ、やがて審判者とみられるにいたった。これが漢訳仏典を通じて日本にきて閻魔様になる。閻魔はヤマの音を写したものである。閻魔様に舌を抜かれるというが、閻魔のこわい姿は、ヤマの像がシナに入って、道教の観念と結びついて恐ろしい形になって、死者の審判者として、日本へ入ってきたというわけである。

バラモン教の祭儀文献においては、「ふたたび死ぬ」ということを非常に恐れた。人はこの世で死に、来世にいって生まれ、そこでもう一度死ぬということ（再死）を非常に恐れて、ふたたび死なないようにといって、種々の儀式や祭を行なうということが規定されている。

イスラエルにおいても、死んだ人はどこかで生活していると考えられていた。(5) すなわち死とともにわれわれの生命が終るのではなくて、死後にもさらに生命がつづくと考えていたのである。

さらに終末観的な世界観というものが東西において現われた。

イスラエルの預言者たちの思想はいろいろあるが、イスラエルの人々が神のもとめる正義を実行しない場合には、神は不信、悪徳なる者どもを徹底的に滅し去ると考えた。

特に預言者イザヤ（前七四〇—七〇一年頃活動）によると、未来に神の裁き——最後の審判——がなされるとき、悪人どもは徹底的に滅ぼされるが、しいたげられたもの・搾取されたもの・弱きものは、滅ぼされることなく、残されると考えた。ここでは神の裁きによって残されたものによって「新しい世界」が完成されるということが暗々裡に認められる。さらに後の思想によると、この世界は滅び、そののち新しい世界が出現すると考えて、「世界の終末」と「新しい世界」とを認めている。

このような思想は、旧約書のダニエル書、新約書のヨハネ黙示録、および旧約聖書偽典のバルク黙示録に出ているという。(6)

この新しい世界においては、死者はよみがえり、生きているものどもとともに神の裁きを受ける。そうして正しい者だけが新しい世界に入る。そこでは正しい者は星のごとくになって永遠に至る。すなわち人のいのちが永遠につづくのである。

南アジア・東アジアでは終末観的な生命観はそれほど顕著でないが、しかしないわけではない。ヒンドゥー教における末世の救済者カルキの観念がそれである。

カルキ（Kalki）は普通ヴィシヌ神の化身が一〇あるうちの第一〇の化身（権化）であるが、これは未来の世の中に現われる。すなわち聖典が権威を喪失し、人間の寿命がわずかに二三歳となった澆季末世にカルキという人物として出現し、正しい信仰を救うという。かれは抜刀して白馬に乗った姿で表わされる。

仏教ではマイトレーヤ（Maitreya　弥勒菩薩）がややそれに似た性格をもっている。この菩薩は現在はトゥシタ（兜率）天にましますが、釈尊の滅後五六億七〇〇〇万年ののちにこの世に現われて人々を救うという。[7] 弥勒信仰はひろくアジア諸国に拡まったが、わが国でも、王朝時代、鎌倉時代には盛んであった。

世界の諸民族の人々の心にあまねく訴えたところの普遍宗教においては、「無限のいのち」ということが説かれるようになった。

「無限のいのち」に対する憧れは、仏教では、「無量寿如来」（阿弥陀如来）に対する信仰となって現われた。

仏教は生命を尊重するが、それは〈限りなきいのち〉へのあこがれとなった。特に「寿命無量」ということを表面に出してその名としたのが阿弥陀仏（無量寿仏　Amitāyus）

である。それに対する信仰は特に浄土経典において強調されている。

阿弥陀仏は、かつて一人の修行者であった。遠い過去世に誓願を立てて、自分がさとりを開いて極楽浄土を完成したときには、そこに生まれる衆生は「無限のいのち」（無量寿＝永遠の生命）を享受するように、また自分も「無限のいのち」を得るように、と願った。そうして、「もしもその目的が達成されなかったら、自分は仏とはならない」と明言している。

「世尊よ、もしも、わたくしがこの上ない正しい覚りを現に覚った後に、このわたくしの仏国土において、願いの力によるものは別として〔とにかく〕、生ける者どもの寿命の量が、量り得られるようなものであったなら、その間はわたくしは、この上ない正しい覚りを現に覚ることがありませんように[8]」

「世尊よ、もしも、わたくしが覚りを得た後に、わたくしの寿命の量が、たとえ百千億・百万劫〔というような無限に近い量まで〕数えたとしても、〔とにかく〕限界のあるようであったら、その間はわたくしは、この上ない正しい覚りを現に覚ることがありませんように[9]」

ところでいまやこの願いが達成されたのであるから、この仏は寿命無量であり、そこに救い取られた人も寿命無量であるというのである。

そこでは、もろもろの命の根源としての永遠な無量の命のことを「ブッダ」と見なし、この命を自分の命として生きるものは、「ブッダ」であると考えた。救う者の境地と救われる者の境地とに隔てがない。ともに無限の生命をもっているのである。

仏教の実践において、究極のものは人間の命である。宗教面において、無量寿、限りないいのち、という観念が大乗仏教に現れ、「限りなきいのち」(Amitāyus) というこの観念が仏の姿とされ、シナ・日本に入って漢字では「阿弥陀仏」と呼ばれるようになった。「阿弥陀仏」とは「限りなきいのちの仏」という意味である。

この絶対の限りなきいのちはどこにあるか。初期の浄土教徒はもっぱら仏に救われて、限りなき世界に生きるということに喜びを感じていたけれども、もっと哲学的に追究すると、浄土真宗によると、われわれが信仰をもっているならば絶対に救われて、絶対の境地に達する。信仰をもったときには救われる。救われたものはこの世に還って、同じような人間として働き、喜びをともにする。このようにして、往く姿(往相)と還る姿(還相)とを説くのである。日本の浄土教、とくに浄土真宗では往相、還相といっているが、これが現実の世界において具現されるというのである。

西アジアからヨーロッパ、北アフリカにおいては、「無限のいのち」にむかう憧れは、イエス・キリストに対する信仰のうちに現れた。イエス・キリストを信ずることによって、永遠の生命を得ることができるという思想が、新約聖書のヨハネ福音書のうちに認められる。[10]

「それは彼を信じる者が、すべて永遠の命を得るためである」[11]

イエスはみずからを「命のパン」と呼んでいる。

「わたしが命のパンである。わたしのもとに来る者は決して飢えることがなく、わたしを信じる者は決してかわくことがない。……わたしの父のみこころは、子を見て信じる者が、ことごとく永遠の命を得ることなのである。そして、わたしはその人々の終りの日によみがえらせるであろう(12)」

またイエスはみずからを「命の光」と呼んでいることがある。

「わたしは世の光である。わたしにしたがって来る者は、やみのうちを歩くことがなく、命の光をもつであろう(13)」

これは浄土教において「無量寿仏」をまた「無量光仏」(『無量寿経』サンスクリット文、第一三願)と呼んでいることに対応している。永遠の生命があっても、闇の中で生きるのは、恐ろしく、厭わしい。無限の光に包まれたものでありたい。

この場合、光で照らす主体は無量寿仏であり、救われた衆生(極楽浄土にいる)については、無量の光は説かれていない。

では、キリスト教の場合、イエスを信じた結果、人はどうなるのであろうか？　これについて専門学者は次のように説明している。

「イエス・キリストを信ずることは、限りあるいのち——死を前提としている限りあるいのちが、無限のいのち——永遠の生命——死を前提としない生命と一体となることである。イエス・キリストを信ずることにおいて、人間の有限の生命が、すなわち死を前提としている生命が、神の無限の生命と合一するのである。人間の有限の生命はもはや有限の生命ではなく、無限の生命そのものになるのである(14)」

「無量寿」「無量光」を説いたという点で、初期のキリスト教は浄土教によく似ている。両者が興起したのも年代的にほぼ同時代であるということは注目すべきである。しかし両者のあいだに直接交渉があったかどうかは不明である。

（1）『世界の名著』続10、「意志と表象としての世界」中央公論社。
（2）諸橋轍次『大漢和辞典』第七巻、一〇二九ページ上。
（3）いきが魂であるという観念が諸民族に共通であるということについては、W. K. C. Guthrie：*A History of Greek Philosophy*, vol. I, 1962, Cambridge University Press, p. 128.
（4）『ブリタニカ国際大百科事典』一一巻、二六〇ページ。
（5）箴言九章一八節。
（6）大畠清氏の論文（『東京大学公開講座　生命』東京大学出版会、一九六五年三月）、二四五ページ。
（7）弥勒のことは種々の経典に説かれているが、特に『弥勒下生経』、『弥勒大成仏経』、『弥勒上生経』というういわゆる弥勒三部経が有名である。
（8）「眷属長寿の願」という。阿弥陀仏の四十八願のうちの第一五である。『大無量寿経』上巻、岩波文庫一三五、二七七ページ。サンスクリット本では第一四。
（9）「寿命無量の願」。『大無量寿経』上巻では第一三の願である。サンスクリット本では第一五。
（10）ヨハネ福音書第三章一五および三六、第六章四七。
（11）ヨハネ福音書第三章五。
（12）ヨハネ福音書第六章三五および四〇。なお第六章四八―五一参照。
（13）ヨハネ福音書第八章一二。
（14）『東京大学公開講座　生命』東京大学出版会、一九六五年三月、二四七ページ。

第二章　生命と息

一　生命と息の分離

人間の思索が次第に発達すると、生命というものを息、呼吸から分離して考えるようになった。その過程を考えてみよう。

古代インドについて見るに、古い時代には呼吸のことをプラーナ（prāṇa）と呼んでいた。プラは「前に」、アーナは「吸う」という意味である。それで呼吸を意味する。けれども、息と生命との関係は密接であるから、古代の文献においては、プラーナが呼吸を意味するとともにまた生命を意味していた。まだ曖昧であったわけである。

またのちに哲学的に重要になるのであるが、アートマン（ātman）という言葉が頻繁に使われた。これももとは呼吸を意味する言葉であった。英語で空気のことをアトモスフェア（atmosphere）というが、これはギリシア語のアトモス（「煙、蒸気」の意味）からきているけれども、そのアトモスとも語源的に連関がある。ドイツ語で呼吸することをアートメン（atmen）といい、またドイツ語の詩の言葉で息のことをオーデム（Odem）というけれども、これらはみな語源的に関係がある。つまりインド・ヨーロッパ人はもとは同じ民族であったから、片方は分かれて西洋人になり、他方はインド人になり、あるいはイラン人になっても、言葉に関しては多分に共通性がある。

「いのち」の語源を「息」と結びつける解釈が、わが国では昔から行なわれている。それは「イノウチ」（息内）、「イノチ」（気内）であるとか、あるいは「イキノウチ」（息内）の約であるとかいう。あるいは「イノチ」（息路）あるいは「息続」であるという解釈が行なわれた(1)。わが国では生命のことを昔から「命《いのち》」と呼んでいることは周知の事実であり、これは息と関係があるということを学者は説いているが、これについての語源的な説明は専門の方に教えていただきたい。ただし発生的にはどうあろうとも、若干の日本人が「いき」と「いのち」とのあいだに本質的な連関があると考えていたことは否定できない。

「呼吸」「いき」である生命が人間の最も内奥にあり、人間にとっても最も本質的なものであるという見解は、古代インドにおいてもすでにヴェーダ聖典の祭儀書のうちに表明されていた。

「人が眠るときには、ことばはプラーナ（呼吸、生命）のうちに帰入し、眼もプラーナのうちに、意もプラーナのうちに、聴覚機能もプラーナのうちに帰入する。また人が目覚めるときには再びプラーナから現われ出る(2)」

「いき」が生命であるという見解は、ギリシアの哲学者たちのあいだにも残存していた。その一つの適例は、デモクリトスである。

「魂は生物に運動をもたらすものだ、……そのためにまた生の特徴は呼吸だ、とする。というのは、われわれを囲繞している外気が肉体を圧縮して、そこから、形態のうちで、自分自身も決して静止していないことによって生物に運動をもたらすところの形態を押し出そうとするが、呼吸すると、それによって他のこのような形態が外から肉体のうちに入ってくるので、援軍がもたらされることになるからである。それが援軍だというのは、それは実際生物のうちにあるものに協力して、外から圧縮して固くしようとする外気に抵抗し、内にあるものが外へ押し出されるのを妨げるからである。そしてこのことをなすことの出来る間は、生きている、と言う[3]」

しかし人知が進むと「いのち」を「いき」とは異なったものとして理解するようになった。その場合には人間や生物が生存するためのもとの力となるものを想定しているのである。

古代インドではこの意味の生命をjīvaとかjīvitaと呼んだ。それは「生きる」(jīv)という動詞に由来する。

そこで、命だけをとくにとり出した言葉としてジーヴァ（jīva）という名詞が使われるようになった。ジーヴァは生きるという意味である。生きもの、生命、霊魂をいう。これはラテン語において「生きる」(vivere)という動詞に由来するvivus（生きている、生き生きとしている）という語と語源的にも共通の源泉に由来し、ギリシア語で生命を意味するbiosとも語源的に連関がある。

インドではさらにこの「ジーヴァ」という語がまた個人存在あるいは個我を意味しても使われた。そこで生命の観念をもっとはっきりさせようというので、ジーヴィタ（jīvita）という言葉が生命を意味するものとして使われるようになった。命《いのち》、生命を意味するときには、仏教でも、さらにインド一般に、jīvitaという。これが生命を意味する最もはっきりした観念である（jīvitaというのは過去分詞からつくられた名詞であり、ラテン語のvitaも過去分詞からつくられた名詞であるので、語源的ばかりではなくて、語形的にも対応している）。

古代インドの「生命」に関する言葉は、仏教にもうけつがれた。そして、ことにジーヴァとか、ジーヴィタとかいう語は漢訳されるばあいには、漢訳の仏典では「寿」という言葉で訳されていることがしばしばある。あるいは命をもっている生存主体のことを、漢訳仏典の言葉で「寿者」などともいう。

仏教では人間が生きている期間、人間として生きている間を「寿命《じゅみょう》」（skt. āyus）という。俗には「命数《めいすう》」ともいうが、命の長さ、命の限りをいう。「寿量」というのも同じ意味である。この寿は、三界・六道の別によって量が定まっているから、これを「寿量」というのだという説明もある。そこでときには「寿」と「命」とを区別することもある。

インドで「息」を意味するprāṇaやasuとは別に、「息」とは無関係にjīvitaということばで考えたような観念を、古代日本人は考えなかったようである。ただ「いのち」の語源を「息」から切り離して「いきねうち」（生性内）とか「いのち」（生霊）と解した学者は、呼吸とは一応切り離して考えていた。そうしてわが国では、別の和語を考え出すことなしに「生命」という漢語を用いるようになった。

近代になって自然科学の発展とともに、「いき」や「呼吸」の現象の見られぬものにさえも生命を見出し、それを精細に研究するようになった。

現代になって現代人一般の常識として、「生命」を特別の概念として立てるときには、「生物を生物として存在させている原動力」であり、それは「生物の発育・運動・繁殖などの現象から導き出される一般的概念」「生きて活動する根源の力で、生物を生物として存在させるもの」などと諸辞典に説明されている。しかしこれらの説明は、説明する句の中に「生きる」という概念が含まれているから、定義にはなっていないのである。

現代の Life Science の学者の報告するところによると、生命をもっているもの、つまり生物の条件としては、次の三つが考えられている。
一、エネルギーの転換ができる。
二、自己保存のための機構をもつ。
三、自己増殖の機構をもつ。
そうして生物には、細胞の中に核をもつ真核生物と、核をもたない原核生物とがある。原核生物はすべて単細胞であるが、真核生物には単細胞のものと多細胞のものとがある。多細胞生物が複雑な生物界を現出しているのである。

ともかく、生命というものは、精神現象以前のものであり、その基底に存するものである。われわれの存在のうちには、消化、血液循環、呼吸というような不随意の生命現象もあり、また自分の意志にしたがって手足を動かしたり、また欲する方向に眼を向けるというような随意な運動もあるが、どちらも生命現象であるという点では共通である。われわれは意識作用を自覚していることもあり、そうでないこともあり、何ごとかをめざして意欲的に身体を動かすこともあり、また、気づかないで無意識のうちに身体を動かしていることもあるが、いずれにもせよ、生命は精神現象に先行している。

つねに行為をせねばならず、何らかの決断をなすように迫られているわれわれの立場から見ると、意識ある生命と無意識なる生命とは異なっている。われわれが生長して現にここに見えるような手をもつに至ったということは、目に見えない無意識な生命によって規定され形成されたのである。ところがその手を動かして、いまわたしがステッキを取り上げるということは、意識ある生命の、有意志的行為である。両者は明らかに異なっている。しかしこの相違を超越した基底的な次元においては、両者はつながっているのではなかろうか? なぜなら両者は、種類を異にするけれども、やはり生命現象であるという点では一致しているからである。

人間のみならず、動物の有機的運動は、任意的なものもあり、また不任意的なものもあるが、これを生理学的に考察するならば、一定の筋肉の収縮である。どの筋肉でも、その中に通ずる神経によって刺激されて収縮するのである。ただそこには区別がある。生理学的に見ると、神経への刺激は、随意筋に対してなされるときには、脳脊髄神経系から生じ、不随意筋に対してなされるときには、交感神経系から生じる。両者の場合、因果関係の連絡が異なっているのである。いずれの場合にしても、われわれは因果律のはたらいていることを認めねばならない。現実の因果関係は複雑であって、幾多の原因や条件がはたらいていることを認めなければならないが、因果の連結関係にある種の相違が存する。

任意なる生命現象の発現の場合には、われわれの精神機能——これを仮に知的インテレクトと呼んでもよい——が脳を経て神経結節に刺激を及ぼすが、不任意なる生命現象の発現の場合にはそのことがない。

この連絡を〈因果関係〉に翻訳すると、不任意の生命現象の場合には、動力因、機会因と結果との関係になるが、任意の生命現象の場合には、その上に目的因（動機）と結果との関係がもう一つ加わっている。

いずれにしても、われわれの生存の根底に存する力が、それを発現させているのである。その力は単に物理的な力としては尽くせないものがあり、それを生理学では生命力（Lebenskraft）とよび、それが意識をともなっている場合には、哲学者は心理的な呼称を用いて、魂（Seele, soul）と呼んでいた。

ただ生命力、あるいはさらに魂が、いかなるものであるかということになると、不可知であると言わざるを得ない。概念規定を精密にすることによって無限にそれに近づくことはできるけれども、その本質を概念によって規定することはできない。

ショーペンハウアーやドイセンは生命現象のうちにはたらいているものを「意志」（der Wille）と呼び、有機体の植物的作用において活動しているものを「無意識的意志」（der unbewusste Wille）と呼んだ。しかしこれを「意志」とよぶことは、一種の譬喩的表現であると言わねばならぬであろう。なぜなら一般ドイツ語の表現においては、植物の成長作用を“der Wille”と呼ぶことはないから、このような説明は理論的な解決を与えないのである。

ただわれわれには、思慮分別をともなわない盲目的な衝動としてはたらくものがあり、刺激によって規定され、わが有機体のうちにおけるあらゆる不任意の動きを遂行し、消化・血液循環・呼吸・分泌などの作用により、身体を養い、その発育を促すところの内面的な衝動原理があるといえよう。それが生命なのである。

人知の進歩とともに生命の本質に関する哲学的思索も明確化したが、大別すると、生命の構造については、

一、生命を非物質的な特別な力の作用と見る生気論と、

二、生命を単に力学的な機械装置とみなす機械論と、

二種の見解がある、と言えよう。

（1）『日本国語大辞典』「いのち」の項。

（2）*Śat. Br.* X. 3, 3, 6.

（3）デモクリトス断片、一七二、山本光雄訳編『初期ギリシア哲学者断片集』岩波書店、一九五八年、七六ページ。

二　生命の根本原理

自我の存在を自覚することとは、強度の自覚であり、直接経験または直観である。厳密に言うと、自我の存在は、通常言うような意味において証明され得ることではなくて、むしろ明晰分明に把捉されることなのである。これはまさにウパヴァルシャなどのヴェーダーンタ思想家たちがアートマンの存在を証明するために主張したことなのである。

他の学者の要約によると、アル・ガザーリーは、

「われは考える。ゆえにわれ有り」

ということを発見したのちに、かれはこの命題をさらに吟味して、

「われは生きている。ゆえにわれ有り」

と主張するようになった。

右のイスラームにおける思惟が近世西洋思想にどれだけ影響を及ぼしたか、わたしにはよくわからぬが、この反省のほうが人間にとってより根源的であるということが言えよう。

むかしの日本ではこういう抽象的な思索は展開されなかった。しかし西行が、

年たけて又こゆべしと思ひきや
　いのちなりけりさ夜の中山(1)

とうたったときには、〈生きている〉という自覚に全身をもってする喜びと、いとおしさを感

じたのではなかろうか。

松尾芭蕉は、「小夜中山にて」[2]という前書をつけて、

命《いのち》なりわづかの笠の下涼み

とうたった。

この句は二九歳の芭蕉が初めて江戸へ下る途中、小夜の中山で吟じたものである。芭蕉が中山越えをしたときには、炎暑の日で苦しかったのであろう。わずかな笠の下蔭を命と頼んで歩く思いであったというのである。

西行の歌は思想的である。思想的表現として一貫している。ところが芭蕉は身近な笠の下陰に「命」を感じとったのである。

われわれは〈生きている〉という自覚、反省から出発したい。〈生きている〉ということは、抽象的思索の結果到達して知り得た結論ではない。なんぴとでも日常生活において実感していることなのである。

われわれは生きて行くためには働かねばならぬという厳しい現実を、身の髄に滲みわたるまで実感している。生活するためには、われわれは食料、衣料、住居などを必要とする。それらのものは、無数に多くの他人がつくってくれたものである。われわれはそれらの人々に依存して、またそれらの人々に助けられて生活しているのである。われわれは、人々とともにあり、人々のうちにある（だから「人間」、ひとのあいだ、という呼称が適合するのである）。

「独我論」(solipsism)ということは、机に寄りかかって懐疑に耽っている哲学者にとっては可

能であるかもしれないが、生きてはたらいている人にとっては、何の意味ももたない観念の遊戯にすぎない。

すでに古代人において「息」の奥に「生命」あるいは「自分自身」があるのではないか、という探求が起こった。インドでは特にウパニシャッドの中にその動きが現われた。

人智がしだいに進歩して来ると、人々は原始的な幼稚な世界観、来世観では満足しなくなった。バラモン教ではウパニシャッド（Upaniṣad）がつくられた。これはインドの最古の哲学文献である。インドの哲学はウパニシャッドから始まるといわれている。ウパニシャッドはヴェーダ聖典の一部であるが、その内容はヴェーダ聖典一般とかなり相違しているので、一応べつに論ずることにしたい。

ウパニシャッドの哲人たちは宇宙の根本原理、個人存在の根源にあるものをどこまでも追究する努力をつづけた。いろいろ思索が述べられているが、世界の究極の原理、絶対のものをブラフマン（梵 brahman）と呼んだ。梵語の「梵」という字はブラフマンという語の発音を写したものである。これは呪力に満ちたヴェーダの讃歌、祭のまじないの言葉を意味していたし、さらにそのうちにひそんでいる不思議な力、霊力をもブラフマンと呼んだ。神秘力を意味したのである。祭を司るバラモン（婆羅門）はこういう神秘力を備えている。その神秘力をとらえるならば、いかなることも支配しうると考えた。そして、それが抽象化されて世界の究極の原理、根本原理をブラフマンと呼ぶようになったのである。今日なおこのブラフマンという言葉は、インドにおいてはそういう意味で使われている。

ところで絶対のものはどこにあるのであろうか。それはわれわれを超えたものではなく、われわれ自身の存在のうちにある。ブラフマンはわれわれのアートマンにほかならぬ、という主張がなされた。この「アートマン」は息を意味し、それが転じて身体や自身を意味する言葉になり、哲学的な概念としては自我、霊魂を意味し、ときには本体、万物に内在する力と考えられたことは、すでに述べたとおりである。絶対のものはわれわれのうちにある。本来の自己が絶対のものである。逆に自己はブラフマンにほかならない。われわれの存在がいかに微々たるものであろうとも、そのうちには絶対のものがひそんでいる。そこでブラフマンすなわちアートマン（梵我）が絶対のものであり、われわれは一体のものであるということが、ウパニシャッドにおいて強調されたのである。世界の姿はいろいろであるが、しかし、その根本にある絶対のものは一つであると説く、そのような思想が、多くの人々によって説かれたのである。

たとえばシャーンディリヤ（Śāṇḍilya）という学者はつぎのように主張した。――万物の真理はブラフマンである。それはわれわれが経験するありとあらゆるもの、いっさいのものと同じである。このブラフマンは真実そのものである。考えたことがそのまま実現される。それは万物に遍在していて、心のごとく速やかであり、いっさいの方角にわたって支配している(3)――と。ここには非常に汎神論的な思想が述べられている。この絶対のブラフマンというものは、われわれの本来の自己と称するべきものである。これがわれわれのアートマンであるといっている。そしてそれが、われわれの身体のうちに存する「黄金の原人」、原理としての人間である。ブラフマンはわれわれの心臓のうちにあり、アートマンともいわれている。それは非常に小さなもので、米粒より、麦粒より、ケシ粒よりも、キビ粒よりもさらに微小である。と同時にそれは絶対のものであるから、無限に広がって極大である。それは他方では地よりも、空よりも大であり、天よりも大である。これらの世界すべてを合わせたよりも、もっと大きい。極小にして極大であると言う。ここには反対の一致の思想がのべられている。

さて人間は生きているが、その命を動かしているものとは何かといえば、これは意向（kur-atu）であるといっている。人間がこの世において意向を有するごとくに、この世を去ってのちには、そのとおりに実現する。人間が死ぬとこのようなものになると思っていると、そのとおりに実現する。したがって人は心を静かにして、万有の真理を瞑想すべきである。心が乱れていると、死後も心を静かならしめない。万有の真理を瞑想すれば、この世を去ってのちに絶対のものに合一することができる。そう信じているものにとっては、いかなる疑惑も存せず、必ずそのとおりに実現されるというのである。

この人の思想をうけたのがウッダーラカ（Uddālaka）である。仏教以前の学者であるが、その人によると、ありとあらゆるもの、万有が絶対者ブラフマンである。それがわれわれの本体、すなわちアートマンである。それは極大にして極小である。そこまではシャーンディリヤと同じであるが、その道理を別の表現を用いて述べている。「この偉大な万有は、うちにある微細なものを本質としている。それは真実であり、アートマンである」という。彼の説明のうちには、「なんじはそれである」という句がくりかえし述べられている。「なんじはそれである」というのは後代のインド哲学では有名な言葉である。このばあいに「なんじ」とは個人存在としてのなんじであり、「それ」というのは絶対のものを指示していう。

もう一つ有名な文章は「我《われ》はブラフマンなり」ということである。我は限られた存在であるけれども、限られた存在としては尽くしえないものである。そのうちには絶対のものがある。だから我はブラフマンであるという。ここでも梵我一致の思想が述べられている。

かれは進んで、絶対のものはいかにして現象界の種々雑多なすがたを現わし出すかという過程を問題にした。簡単にいうと、宇宙は最初は有である。有というものは精神性をもっている。有と精神性とは一体である。この根本の有が多となる、すなわち多くのものになる。まず繁殖しようと思って、欲望を起こして火をつくりだす。またその火が欲望を起こして、水をつくりだした。次いでその水が欲望を起こして食物をつくりだした。その三つが混じり合った。そこに、根本にある有といわれるものがさらに意欲を起こして生命としてのアートマン（自己）として、元素としての火・水・食物のなかに入って、そこで生命が与えられたから、ありとあらゆるものが展開して、現わし出された。外の世界が三つの元素から構成されているように、人間も水と火と食物（後世の解釈によると「地」）という三つの元素からなっている。その根本にある生命を司っているものが息である。心は息に制約されている。鳥をとらえてきて、ヒモでつなぐと、鳥があちこち飛んでいる。しかし足にヒモがついているから、遠くに離れてゆかない。あるところまでゆくと、つながれたところまで戻ってくる。あたかもそれと同じようにわれわれの心の中ではいろいろなことを思うけれども、根本の原理としての息、気息に制約されている、と。

以上の所論に関する限り、〈いき＝生命〉という思想を受けているのであるが、ウッダーラカは、さらに進んで、〈いき〉の奥にひそむ〈本来の自己〉というものを見出そうとした。

かれは主張する、――この気息もわれわれの真実の自己ではない。息のはたらきのもとに真実の自己がある。それが有にほかならない。われわれが目覚めて活動しているときには、本来の〈有〉から離れている。しかし人が眠っているときには、有と合一している。そのときには、真実の自己に到達している。この根本にある原理としての〈有〉といわれるものを、われわれは具体的なものとして、とらえることはできない。しかしそこから出てくるということは疑いない。ちょうど水のなかに塩を投げこむと、塩が溶けていることはわからないけれども、味わってみると、塩の溶けていることがわかる。

そのように〈有〉といわれるものは、あらゆる事物の根本にひそんでいるけれども、われわれは感覚器官をもってそれを認識することはできない。しかし有ることは確かである。塩が水に溶けているようなものである。またバニヤンの実をとって割ってみても、その種子のなかには何もないけれども、あの偉大なバニヤンの木が小さい種子のなかから現われ出てくるということは、何人も疑うことができない。そこには生命がひそんでいる。それと同じ道理によって、われわれは根本の原理としての〈有〉を否認できない。生命の去ったときに、この肉体は滅びるが、しかし生命の本体は滅びることはない。不死である。生命の本体というものは、真実の自己であり、アートマンである。それはひそんでいて、目には見えないだけである。

生命の本体は主体的なものであるということを、ウッダーラカの弟子であるヤージニャヴァルキヤという哲人がとくに主張した。この哲人とかれの妻マイトレーイーとの対話は、ウパニシャッドの文章として有名であるが、次のように述べている。

インドでは人がある年齢に達すると、家を捨て隠居して、遍歴生活に入るという習俗があって、ヤージニャヴァルキヤも年をとってから家を出て、遍歴の生活に入ろうとした。そのとき妻のマイトレーイーがたずねた。――財宝が大地に充満して、それが自分のものになったとしても、われわれが不死の状態に入りうるであろうか、と。

それに対してヤージニャヴァルキヤは答えていう、――そうなればなるほど資産家のような生活をすることができるだろうが、しかし、財宝によって不死は得られない、と。そこで〈不死〉について説き明かす。かれはこう説いた。――われわれの経験するありとあらゆるものは、アートマン（自己）にほかならない。このアートマンは、偉大なる実在ともいわれる。ありとあらゆるものは、アートマンの吐き出したものである。ちょうどたきぎに火をつけると、煙があちこちにのぼるようなものである。

かれは続けていう。――「夫を愛するがゆえに夫が愛しいのではない。アートマンを愛するがゆえに夫が愛しいのである。妻を愛するがゆえに、妻が愛しいのではない。アートマンを愛するがゆえに妻が愛しいのである」と。

以下同じような文句を続けるわけである。資産、財宝、家畜など、もろもろの神、生きとし生けるもの――それらを愛するがゆえに、それらのものが愛しいのではなくて、アートマンのゆえである。アートマンが愛しいから、それらのものが愛しいのである。

この「アートマンが愛しい」という、この句の意味をどう解釈すべきか。インドの哲学思想史においては大きな問題になっているが、単なる利己的な行動主体としての自己を考えていたのではない。われわれの存在の根本にひそんでいる本来の自己というものを考えていたのであろう。その本来の自己というものがあるから、それに基づいて他人を愛するということが実現するのである。アートマンがみられるべく、考えられるべく、思われるべきである。それが認識されたならば、一切は知られたことになる。

ここで譬喩を述べて説いているが、太鼓の音を聞くばあい、その音をとらえようと思っても、われわれはとらえることはできない。しかし太鼓を打つ人をとらえれば、そこでパッと音はやむ。もとを押さえれば、そこですべてをとらえることができる。それと同様にわれわれが真のアートマンを知ったならば、すべてを知ったことになる。すべてと同化したことになるというのである。このばあいのアートマンは普通の認識の対象と同じような資格における事物ではなくて、本来の自己とでもいわれるべきものである。それを知ったならば、われわれは一切のものに合一したことになる。実際にわれわれが生きているあいだは自分と他のものとの対立がある。しかしその境地に達すれば、対立感を超えたことになる、ということを言っているわけであろう。

以上のようなことがウパニシャッドにおいて説かれているが、このウパニシャッドの哲学思想をうけて、哲学的に深めたのが後世のヴェーダーンタ哲学である。この哲学の伝統は非常に長いし、これを述べていたらきりがないが、そのうちの一人としてシャンカラという哲人の思想を紹介したい。

シャンカラ（Śaṅkara 約七〇〇—七五〇年）はインドにおける最大の哲学者とみられている。はたして最大の哲学者であるかどうかは、みる人の評価によって違うと思うが、現在インドにいる伝統的な学者、すなわちパンディッドと呼ばれる人々の大部分は、かれの伝統に属する。かれの哲学は不二一元論といわれているが、「われわれが経験している領域においては二元対立がある。しかし絶対の境地においては不二、分かれていない一元である」ということを説く。絶対者ブラフマンはいかなる限定をも許されない、限られることがない。絶対の無差別の実在である。それは最高の我である。われわれの個人存在というものは、確かに絶対者とは離れているが、その究極においては最高我とまったく同一のものである。ではわれわれの本来の自己の存在がどうしてわかるのか。

ここでシャンカラは「自己の存在は否認しようとしても否認することができない」という議論を展開する。

ただウパニシャッドからヴェーダーンタ学派に至るインドの哲学者の場合には、生命の問題を深く論ずることなしに、生命の現象を通路として〈自己〉の問題に入って行った傾きがある。

東洋に対応して、西洋でどのような思想的進展が見られたかは、いま審かにすることができないが、生命の概念を特別のものとして認めると、生命を神秘化する傾向がある。ドイツのロマン主義、ドリーシュ（H. Driesch）らの生気論、ベルクソンの主張した「生命の飛躍」（élan vital）の説、イギリスの心理学者・哲学者であったモーガン（Conway Lloyd Morgan）の創造的進化の説にはこういう傾向があると言われている。

ところで、生気論の立場に立つと、生命のもとづくものが何であるかを説明し得ないで、神秘論や不可知論にみちびかれる恐れがある。

ベルクソンは周知のごとく[4]「生命の飛躍」(élan vital) ということを主張した。かれの主張によれば、生物は物質的要素の外的機械的結合によってではなく、唯一の単純不可分な内的衝動によって飛躍的に進化する。

ところでこの飛躍（エラン）ということは、「過去から決まるのでもなければ未来から決まるのでもない。……内に感じられるものの不可分性と、外から知覚されるものの無限可分性とによってまさにこの現実の持続、力を産むこの持続を考えることが可能になる。そしてまさしくこの持続こそ、生命の本質をなす属性にほかならぬ[5]」。生命とは、はじめから過去と現在と未来が互いに侵入しあって不可分の連続をなしている持続において、過去を保存し未来を予期しようと努める[6]。

以上の見解を価値論的視点から考察すると、「生命の飛躍」は、絶対的価値の啓示であり、定言的価値の直観であると解することができる[7]。また神の発露、しかも自由な発露といってもよいであろう[8]。

ところで、ベルクソンの思想を理論的に分析すると、生命と物質とは相反するという立場に到達する。

ラッセルは批評する。

「ベルグソンの哲学は、過去の大部分の体系とはちがって、二元論的である。彼にとっては、世界は二つのまったく異なる部分、すなわち一方では生命、他方では物質――あるいはむしろ、知性が物質だと見なしているところの自動力なき何物か――にわかれているのである。全宇宙は二つの逆行する運動、すなわち上昇する生命と下降する物質との衝突であり紛争であるという。生命とは世界の始まりとともにその終局的な形態で与えられた一つの大きい力、一つの巨大な活気に満ちた衝動であり、物質の抵抗に出会ってはそれをつき破ろうと苦闘し、組織化という手段によって物質を利用することを徐々に学び、街角における風のように、ぶつかったいろいろな障碍によって方向を異にするさまざまな流れにわけられ、物質が強要する適応という事実そのものを通じて部分的に物質に従属しはするが、自由な活動能力を常に持ちつづけるのであり、常に新らしい吐け口を見出そうと努力し、対抗してくる物質のさまざまな障壁の中で、常により大きい運動の自由を求めるものだという(9)」

ベルグソンの思想によると、経験は二通りのしかたで現われる。一方では経験は、事実に並列して出てくる事実、だいたい似た形でくりかえされ、だいたいのところ計量可能であり、ついには判明な多様性と空間性との方向へ展開される事実という形をとる。他方、経験は、法則や計算を許さない純粋持続の相互浸透という形でも現われる。いずれの場合にも、経験は意識を意味する。ただし前者の場合、意識は外へとひろがり、物を互いに外的だと見るのに応じてみずから自分自身に対して対立者になってゆくが、後者の場合、意識は自己のうちに帰り、自己を把え直し、深めてゆく。意識がこのように自己を深めてゆく時、意識は物質と生命と実在一般との中にも入りこむことになる。[10]「既成の概念を用いて固定したものから動くものへ行こうとする記号的認識が相対的なのであって、動きつつあるもののうちへ入り込み、事物の生命そのものをわがものとする直観的認識はけっして相対的ではないのである。そのような直観は絶対的なものに達するのである[11]」

したがって、知性はもともと生命を理解する能力をもっていない。知性の創造と物質物体の創造とは相関的なものであり、相互的な適応によって発展してきたというのである。物質は必然性に服従するが、意識とは自由をともなった記憶であり、持続における創造の連続であり、この持続においてこそ真に増大がある。そこに生命の進化が認められる、と言う[12]。

しかし、物質を離れた生命というものが有り得るであろうか？　生命は物質を一つの要素としているとは言えないであろうが、物質は生命にとって sine qua non（必要条件）である。

ベルクソンのいうことはどうもはっきりと理解しがたい。ラッセルの理解するところによると、次のごとくである。

「物質と知性との同時的成長、ということの考えは巧妙なものであって、理解するに値するものである。大ざっぱに云って、彼が意味していることは次のようなことだとわたしは思う。すなわち知性とは、諸事物を相互に分離したものと見る力であり、物質とは別々の諸事物に分離されているものである。現実には、分離した固形の諸事物といったものは存在せず、あるものはただ果てしなき生成の流れだけであり、その流れの中で生成する事物というものはなく、無が生成して成る事物というものもない。しかし生成は上昇運動あるいは下降運動であり得るのであって、それが上昇運動である場合は生命と呼ばれ、下降運動である場合には、知性が誤認して物質と呼ぶのである、と。わたしはベルグソンの云う宇宙が、絶対者をその頂点とした円錐のような形をしていると想定する。なぜなら上昇運動は諸事物を結合させ、下降運動は諸事物を分離させる、あるいは少なくとも分離させるように見える、というからである。心の上昇運動が心に注ぎかかる落下する諸物体の下降運動を縫ってみずからの進路を求め得るためには、心は諸物体の間にさまざまな径路を切り開くことができなければならない。したがって知性が形成された時には、輪郭や径路といったものが出現したのであり、初源的な流動は分離された諸物体に切り割かれたのである(13)」

ラッセルの解釈がベルクソンの思想内容を忠実に表現しているかどうか、わたしには解らない。それを究明することは、哲学史家にとっては必要なことであるが、思索する者にとっては必ずしも必要のないことである。ある哲人の表現が――それははなはだしく晦渋なるものであるかもしれないが――何らかの意義深いヒントを内含している場合に、その問題点を整理して明確なる体系のうちに位置づけてくれる思想家がいたならば、むしろ後者のほうを重んずるべきである。

さらにベルクソンによると、空間は物質に特有であるが、時間は生命に特有のものである、と言う。

「物質に特徴的なものであるところの空間は、流動を分割することから生じるのであるが、そのような分割は本当は錯覚的なものであり、実際上ある点までは有用であるが、理論上まったく誤まりを導きやすいものだと彼は云う。それに反して時間は、生命あるいは心の本質的特徴なのである。『なんらかのものが生きている場合は常に、どこかに時間が刻《きざ》まれている記録計《レジスター》があらわに存在する、』と彼は云う。しかしここで言及されている時間とは、数学的な時間――相互に外部的であるところの諸瞬間が同質的に寄せ集められたもの――なのではない。ベルグソンによれば、数学的な時間は本当は空間の一形態なのであって、生命の本質に属する時間は、彼が『持続』と呼ぶものである(14)」

ところでその「持続」とか「純粋持続」と呼ばれるものは、いかにして把握することができるものであろうか？

われわれの持続は、直接には直観のうちでのみわれわれに提示されうるものであり、けっして概念的表象のうちに閉じこめ得るものではない(15)。われわれが瞬間をつかまえたと思ったときには、この瞬間はわれわれから、すでに離れてしまっている。われわれが実際に知覚するものは、二つの部分から成りたっている持続の、ある厚みである。その二つの部分というのは、過ぎ去ったばかりの過去とまぢかに迫った未来である(16)。

多くの瞬間が互いに結びつけられたものを持続と考えれば、いかに短い持続であっても、その瞬間の数は無限である。そこで持続が多より成るという見地からすれば、持続は崩壊して無数の瞬間の粉塵へ解体され、それらはことごとく瞬間なのだから、いずれも持続しないものである。

他方、多くの瞬間をともに結びつける一なるものを考えれば、これもまた持続しうるものではない。なぜなら、変化するものは、もろもろの瞬間の多の側へ入れられてしまっている。この一なるものは過去と現在とを、一つの有機的な全体に形成するものであり、その全体においては相互に浸透し、内に区別を含まない継起である。この一なるものの本質は、不動であり、非時間的な本質、永遠と呼び得るものである。(17) 真の持続へ向け直された精神はすでに直観的生命を生きており、この精神は、無限に分割可能でまた互いに交換できる瞬間の非連続的な集まりとして時間を見る代りに、不可分に流れる連続的な流動としての真の時間を把える、と言う。(18)

瞬間の連続としての純粋持続の主張は古代インドの仏教哲学者ダルマキールティの所論とよく似ている。

ただし、ダルマキールティは瞬間瞬間の連続を〈生きる〉とは呼ばなかったが、ベルクソンが〈生きる〉と呼んでいるのは、論理的には正確な表現ではなくて、むしろ譬喩的な表現である。〈生きる〉というのは、悲しんだり、喜んだり、欲望をもったり、争ったりすることではないか。最近代の哲学学者たち（哲学者ではない！）が大いにもてはやしたベルクソンの説いた〈生命〉なるものは、単なる譬喩であって実質的には何事をも解明してくれない。これはわたしだけの印象ではなくて、ラッセルも明言しているところである。

「彼が読者に対して自説を推賞してゆく全過程において、とくに類推や比喩がきわめて大きい部分を占めているのであって、彼の諸著作に見出される生命への比喩の数は、わたしの知るいかなる詩人の場合よりも多いのである。すなわち彼は次のように云う。生命は、炸裂した諸断片がまたもそれぞれ砲弾となるような砲弾に似ている。また生命は束《たば》のようなものでもある。初めは生命は『ことに野菜の緑色の部分がそうであるように、貯蔵庫の中に蓄積するような傾向』そのものであったが、その貯蔵庫は湯気が立ちのぼる沸騰水で満たされねばならず、『またさまざまな噴射が止むことなく吹き出ているにちがいなく、その噴射のおのおのが後退しては世界となる。』さらにベルグソンは次のようなことを云う。『生命はその全体性において一つの巨大な波動としてたち現われ、それは中心から出発して外方へ拡がってから、その周辺のほとんど全部にわたって進行を停止され、振動に転化させられる。しかしただ一つの点において、その障碍は克服され、衝撃力は自由に通過したのである。』次いで、生命が騎兵団の突撃に喩《たと》えられる一大クライマックスがやってくる。『もっとも低級なものからもっとも高級なものにいたるまで、そして生命の最初の起源からわれわれが存在する時期にいたるまで、さらにあらゆる時代におけると同じくあらゆる場所において、すべて有機的組織を持った存在は、物質の運動とは逆でありそれ自身不可分割的であるところの、一つの単一な衝撃力を証明しているにほかならない。すべての生けるものは結合し、すべてはその同じ巨大な推進力に服してゆく。運動は植物の上にその座を占め、人間は動物界の上にうちまたがり、空間および時間の中において人類の全体は一つの大兵団となり、われわれすべての横を、前を、そして後《うしろ》を疾駆しては、あらゆる抵抗を打ち破り、多くの障碍を、そしておそらくは死さえも排除し得る圧倒的な突撃を敢行しているのである。(19)』

ともかくここに述べられている所論はいろいろな問題を提供する。

さらに右と関連して〈純粋経験〉の思想もあわせて検討されるべきであろう。

ウィリアム・ジェームズの主張した〈経験〉の観念に対して、ラッセルは生命が基本的であり、生命のないものには経験は存在しないという。

「われわれは、『経験』という語によって何を意味しているのだろうか？　それに対する答えを見出すための最良のやり方は、次のような問題を考えることである。すなわち、経験されない出来事と経験される出来事には、どのような相違があるか、という問題である。眼で見たり身体で降っていることを感じた雨は、経験されたものであり、生物がぜんぜんいない砂漠に降る雨は、経験されていないのである。このようにしてわれわれは、第一の論点に到達する。すなわち生命が存在している場合を除けば、いかなる経験も存在しないのだ、と。しかし経験は、生命と外延を共有するものではない。わたしの気づかない多くのことが、わたしに生起するのであり、それらのことをわたしが経験している、とは云い難いのである。明らかにわたしは、自分の憶い出すことはなんであれ経験するわけだが、わたしがあからさまには憶い出さない若干の事柄が、今なおつづいている習性を築き上げたかも知れないのだ。火傷《やけど》をしたことのある子供は、自分が火傷をした時のことをぜんぜん憶い出せない場合でさえ、火を恐《こわ》がるのである。わたしはある出来事が、習性を構成する場合に、『経験』されたと云っていいように思う。（記憶ということは一種の習性である。）概して云えば、習性は生物有機体にのみ構成されるのであり、火かき鉄棒は、いくど赤熱されても火を恐れないのである。したがってわれわれは、常識的な諸根拠に立って、『経験』は世界の素材と同じ外延を持たない、と云うことにしよう。わたし自身、この点で常識を逸脱しなければならなくなるような妥当な理由が、ぜんぜんないと考えるのである」[20]
これは「純粋経験」という観念をもち出してわれわれの生存や行動を説明しようとする認識の立場に対する反撃である。「われわれが生きている」という事実についての反省を忘れた純粋経験の分析なるものは、たいして意味をもたないであろう。「純粋経験」というものが原本的なものであると解する思弁哲学に対して、ラッセルは「われわれは生きている」ということの自覚が原本的であるということを主張するのである、と解し得るであろう。あるいは、そのように解してはならないのかもしれないが、われわれはわれわれ自身の立場を明示せねばならぬであろう。われわれは、ラッセルの右の批判を通じて、むしろわれわれ自身のものとして、このような立場を明白にしておきたいと思う。

(1)　新古今和歌集羈旅・西行法師。
(2)　寛文一二年、芭蕉翁全伝。
(3)　*Śat. Br.* X. 6, 3, 3 ; *Chānd. Up.* III, 14.
(4)　この語は、特にかれの『創造的進化』(L'évolution créatvice, 1907) において用いられてから有名になった。『道徳と宗教の二つの源泉』(後出書、三〇八ページ以下) でも詳しく論じている。
(5)　『道徳と宗教の二つの源泉』(『世界の名著』53、中央公論社、三二八ページ)。
(6)　『意識と生命』(同右、一四八ページ)。
(7)　中田光雄『ベルクソン哲学　実在と価値』(東京大学出版会、三六九ページ)。
(8)　A・D・セルティランジュ著、三嶋唯義訳『アンリ・ベルグソンとともに——持続論・科学論・宗教論』K&K・Kライブラリ、行路社、一五ページ)。
(9)　B・ラッセル著、市井三郎訳『西洋哲学史』下巻 (みすず書房、二六八ページ)。

(10)『哲学的直観』(『世界の名著』53、一二八ページ)。
(11)『形而上学入門』(同右、九九ページ)。
(12)『意識と生命』(同右、一五二ページ)。
(13) ラッセル著『西洋哲学史』下(みすず書房、二七〇ページ)。
(14) 同右、二七一―二七二ページ。
(15)『形而上学入門』(『世界の名著』53、中央公論社、七四ページ)。
(16)『意識と生命』(同右、一四二ページ)。
(17)『形而上学入門』(同右、九二ページ以下)。
(18)『哲学的直観』(同右、一三二ページ)。
(19) ラッセル著『西洋哲学史』下(みすず書房、二七五―二七六ページ)
(20) 同右、二八九ページ。

三　機械論的生命観

以上に対立するのは機械論の思想である。もちろんその主張にもいろいろとニュアンスの相違がある。

インドにも古来、唯物論があって、仏教が興った時代にすでに唯物論者が現われていた。アジタ(Ajita)という人(西紀前約五世紀)がその代表者であったが、彼らによると、人間というものは、地・水・火・風という四つの元素が集まってつくられたものである。死ねば、われわれの身体は四つの元素に分解してしまって、霊魂というものはない。生命というものは、要するにそれらの四つの元素に内在する力である。ちょうど穀物に酵母を加えると、おのずからアルコールが出てくるのと同じように、物質のおき方で、生命はおのずから出てくるものであるという説を述べていた。しかしこれはインドではあまり伸びなかった思想である。

また、それに似た思想をパクダ・カッチャーヤナ（Pakudha Kaccāyana）という人（西紀前約五世紀）が説いた。人間の個人存在は七つの要素から構成されている。その七つの要素とは地水火風の四つの元素と、苦・楽という要素と、生命という要素である。われわれが愉快だといい、楽しいと感じるときには、そこに「楽」という要素が加わっている。また苦しいと感ずるときには、「苦」という要素が加わっている。最後に挙げられた生命（jiva）は霊魂と訳してもいいかと思われる。この七つの要素が集まって、われわれの個体を形成している。この七つの要素は不変であって、たがいに他の要素を損なうということはない。

そこで実践的にはとんでもない結論が出てくる。人を殺してもかまわない。なぜならば、鋭い剣をもって人の頭を斬っても、それによって何人《なんぴと》も何人の生命をも奪うということはない。ただ、七つの要素が人間を構成しているその隙間を、剣の刃がすっと通ってゆくだけである、と説いた。また仏教の興った時代にはいろいろな奇矯な思想があったけれども、アージーヴィカ教は、つぎのように説いた。――ありとあらゆるものには霊魂、生命がある、と。

ギリシアにおける唯物論の代表者というと、人は当然デモクリトスを思い浮かべるであろう。ただしかれは魂は特殊な球形の実体であり、それが生物の運動を起こすものだと考えていた。「二三の人々は特に、そして第一に魂は動かすものだ、と主張する。そして自分自ら動かないものは他のものを動かすことが出来ないと考えて、魂を何か動くものの一つである、と解した。ここからしてデモクリトスは、魂は一種の火であり、熱である、と主張するのである。すなわち、形態、つまりアトム(atomon)は無数であるが、そのうち球形のものが火であり、魂である、と言う。それは例えば、戸の隙間を通ってくる光線のうちに現われる空気中のいわゆる浮塵のようなものである。そして「もろもろのアトムの」混合群(panspermia)が全自然の要素である、と言う。……しかしそれらのうちで球形のものが魂である、と言うが、それは、このような形態のものは凡てのものに最もよく偕入することが出来て、自分自身も動きながら、残りのものを動かすことが出来るためなのである」(1)

魂もやはり物質であり、しかも動かしやすい形をとっていると解していたのである。魂の存在を認め、しかもそれが物体であると考えていた点で、デモクリトスはパクダ・カッチャーヤナと共通である。

果たして存在するものは、物質だけなのであろうか? 物質(Materie)とは「一つの空間をみたすもの」(das einen Raum Erfüllande)であり、われわれの経済的な日常生活ではこれの存在を認めなければならない。その意味では唯物論は真理である。

しかし、物質を通じて確認される高次元のものがある。それをドイセンは「超越的な、超世界的な、神的な、事物の秩序」(“eine franszendente, überweltliche, göttliche Ordnung der Dinge”)と呼んでいる。(2)

わたくしの外にある一本の樹をわたくしがどうして知覚するに至るかを、科学者は説明する。しかしそれは、その樹木が知覚されたようなすがたで実在するということを証明しない。わたくしの意識の中に、そのような表象の成立する過程を説明しているだけである。対象も感官も脳髄もすべて表象である。

対象それ自体がいかなるものであるということ、それ自体を、われわれの認識能力は明らかにすることはできない。われわれはただそれに可能な限り迫り得るというだけにすぎない。

このように考えてみると、「すべては物質のみである」「生命も物質にほかならない」という場合に、「物質」という観念はわれわれの抽象的思惟にもとづいて構成されたものであり、いかに合理性をもっているとしても、やはりある意味でのフィクションにほかならない。生命は単に物質であるというだけでは解決のつかない問題がある。

生命の問題に関する論議の伝えられている最も古い学者は、アリストテレスであろう。アリストテレスにおける「生命」の原語はZōēである。生命の問題と関連のある彼の所論を検討してみよう。

「いちばん実体であると人々の思っているのは物体、そしてそのうちでも自然的物体である。何故ならこれらはその他のもの〔＝人工的製作物〕どものでてくる根元であるから。しかし自然的物体のうち或るものどもは生命を持ち、或るものどもはそれを持たない。そしてわれわれが生命と言うのは自分自身の力による栄養摂取、成長、衰弱〔をするもの〕のことである。従って生命に与かる自然的物体はすべて実体、しかも合成されたものとしての意味での実体であるということとになるだろう[3]」

これに対して霊魂は物体ではなくて、生命ある物体の形相であると、アリストテレスは主張する。

「しかしこの自然的物体は物体であると共に、このような性質のもの（というのは生命を持つものであるから）であるので、霊魂は物体ではないだろう。何故なら〔この場合〕物体は主語について語られるものどもの一つではなくて、むしろ主語や質料のようなものであるからである、〔しかるに『或る物体は生命のあるものである』の如く、霊魂は主語について語られるものどもの一つである、〕従って必然に霊魂は実体、それも可能的に生命をもつ自然的物体の形相という意味での実体であることになる」

そうしてこういう意味における霊魂は、自然的物体の現実態であると解せざるを得ない。

「しかし〔この意味での〕実体は現実態である。従って霊魂はこのような自然的物体の現実態ということになる」

さらにそれは、知識と同じような意味における現実態であると言わねばならぬ。

「しかしこの現実態は二通りの意味で言われる、その一つは知識がそう言われる意味で、他の一つは知識活動がそう言われるような意味で。だから霊魂は知識がそう言われる意味での現実態であることは明らかである。というのは〔例えば〕睡眠も覚醒も共に霊魂があることにもとづくが、しかし覚醒は知識活動に、睡眠は知識を持ってはいるが、それを運用していない状態に対比せられるからである。しかし知識は同一の人においては生成の上では知識活動より先のものである。

それゆえ霊魂は可能的に生命を持つ自然的物体の第一の現実態である」

そのように断定する理由を説明していう。

「そしてこのような物体というのは、器官を持つもの〔＝有機体〕であるなら、そうである。（そして植物でさえもその部分は器官であるが、しかし全く単純なものである、例えば木の葉は果実の皮の覆いであり、果実の皮は果実の覆いである。そして根は口に類比的なものである。というのはこれらは両方とも栄養を摂るものだからである。）従って霊魂のすべてについて何か共通のものを言わなければならないとすれば、それは『自然的・有器官的〔有機的〕物体の第一の現実態』ということになるだろう」

そこでアリストテレスは、霊魂と身体との関係を、質料とそれに付せられた一種の型と見なす。

「それゆえまた霊魂と身体とが一つであるかどうかと探究するには及ばない、それは封蠟と〔それに印形によって与えられた〕押型とが一つであるかどうか、一般的に言って、それぞれのものの質料と質料がそれのであるところのそれとが一つであるかどうかと問うに及ばないのと同様である」(4)

生きていることの特質を、アリストテレスは次のように定義している。(5)

「われわれは考察の出発点を取上げて、有魂のものは無魂のものから『生きていること』によって区別されると言う。しかし『生きていること』は多くの意味で言われるから、たといそれらの意味にあたるものが、ものの
うちに何かただ一つあるだけでも、そのものは『生きている』と言う、そしてそれらの意味にあたるものというのは、例えば理性、感覚、場所による運動と静止、

さらに栄養にもとづく運動、すなわち衰弱と成長などである」

植物にも生命があり、生きている。

「それゆえに植物もまたそのすべてが『生きている』と思われているのである。何故なら植物は明らかに、それによって相反する方向に成長と衰弱とを受け取るような能力と原理とを持っているからである。相反する方向に、というのはそれらが上の方へは成長するが、しかし下の方へはしないというのではなく、両方へ、そしてあらゆる方向へ同様に成長するだろうからなのである。ただしこれは常に栄養をとり、そして栄養をとることのできるうちは絶えず生きつづけているものについて言っているのである」

自然界の物体が諸元素より成るものであるということを、アリストテレスも認めていたのであるから、そうして生命という独立の原理を認めることはなかったのであるから、かれの生命観は、やはり唯物論・機械論の系列の上にあった、ということができるであろう。

生物のうちでも、「動物」の特徴はどこに存するのであろうか?

「ところで『生きること』はこの原理によって『生きているものども』に属するが、しかし『動物であること』は感覚によって初めて可能である。というのは動かなくとも、場所を取換えなくとも、感覚を持っているものなら、これをわれわれは『動物』と言って、ただ『生きている』とだけは言わないからである」

ところで感覚にはいろいろの種類があるが、それらのうちであらゆる動物に共通のものは触覚であると言う。

「しかし感覚のうちで先ず第一にすべての動物に属しているのは触覚である。そして栄養的能力が触覚やその他のすべての感覚から分離されることができるように、触覚はその他の感覚から分離されることができる」

アリストテレスは植物にも霊魂があり、それは栄養的能力であると考えていた。

「霊魂の諸能力のうち以上にあげられたものどもは、われわれが言ったように、〔生物の〕或るものどもにはそれらのすべてが、しかし或るものどもにはそれらのいくつかが、また或るものどもにはただ一つだけが属している。そして諸能力としてわれわれがあげたのは、栄養的、感覚的、欲求的、場所による運動可能的、および思考的能力である。そして植物にはただ栄養的能力だけが属するが、しかしその他のものにはこの能力と感覚的能力とが属する」

動物には、植物以上に、栄養的能力のほかにもろもろの能力が存する。というのは欲求は欲望と敢闘心〔＝気概〕と意欲とであり、そして動物はそのすべてが諸感覚のうち少なくとも一つ、すなわち触覚はもっているが、感覚の属するところのものには、快感と苦痛、〔それらをひき起こす〕快きものと苦痛なものとが属し、これらのものが属するところのものには、また欲望も属するからである。何故なら欲望とは快きものの欲求であるからである」

「しかしもし感覚的能力が属するなら、また欲求的能力も属する。

しかし動物はその上に感覚としての触覚をもっている。

「しかしその上、動物どもは栄養物の感覚をもつ。というのは触覚は栄養物の感覚だからである。

何故なら動物どもはそのすべてが乾けるものや湿れるもの、温かいものや冷たいものによって養われるが、しかし触覚は〔直接には〕これらのものどもの感覚だからである。そしてただ付帯的な仕方においてのみその他の感覚されるものどもの感覚である。……

今のところはただこれだけのことを言っておくことにしよう、すなわち生きているものどものうち触覚を持っているものどもには、また欲求が属するということを。しかし表象もまた属するかどうかは不明である……」

さらに一般の動物から区別される人間の特性については次のようにいう。

「しかし或るものどもには思考的能力や理性〔＝直覚知〕も属する、例えば人間や他に何かそのようなもの、あるいはもっと尊いものがいるならば、それらがそうである」

栄養をとるということは、生命にとって本質的なことである。

「質的変化も成長も霊魂によるものである。何故なら感覚は一種の質的変化であると思われるが、しかし霊魂に与からないものはどれも感覚はしない。しかしまた成長と衰弱についても同様である。何故なら栄養をとるのでなければ自然的には何ものも成長も衰弱もしないが、しかし生命に与からないものはどれも栄養はとらないからである」

以上をまとめていうと、アリストテレスによると、魂は肉体と結ばれてあるものである。肉体とは独立な魂の輪廻というピタゴラスの説を嘲笑している。魂は肉体とともに滅びるように見える、と言う。

「『したがって疑いもなく、魂は肉体と不可分である、という結論が出てくる』。しかしただちに彼は、『あるいはとにかく、魂のある部分はそうであることになる』と附け加えている。肉体と魂とは、質料と形相のように関連しあっている。『みずからの内に可能的に生命を持つ肉体の形相、という意味において、魂は実体でなければならない。しかし実体は現実であり、したがって魂は、すでに特徴づけをしたように、肉体の現実なのである』。魂は『事物の本質の確定的定式に相当する意味で、実体である。それは次のことを意味している。すなわち魂とは、いま賦与したばかりの特徴（すなわち生命を持つこと）を持つ肉体の、〈本質的性格〉であることだ』。魂とは、みずからの内に可能的に生命を持つ自然の肉体の、第一級の現実である。このように叙述された肉体は、有機体化された肉体である。魂と肉体とは一つであるかどうか、と問うことは、蠟とそれにスタンプで押しつけた形とが一つであるかどうか、と問うことと同様に無意味である。自己営養作用は、植物の持つ唯一の魂的能力である。魂は、肉体の目的因である」(6)

類似した観念を他の文化圏に求めるとすると、アリストテレスの〈精神〉はアートマンに、〈魂〉はマナス（manas）に対応する点がある。

これについてラッセルは次のように説明している。

「アリストテレスの霊魂説を理解するためには、魂が肉体の〈形相〉であり、空間的な形も一種の〈形相〉であることを、想起しなければならない。魂と空間的な形との間には、どのような共通点があるのだろうか？　わたしはその共通点が、ある量の質料に統一を与えることにあると思う。後には彫像となる大理石塊の部分は、まだ大理石の残余の部分と分離されてはいない。それはまだ一つの〈事物〉ではなく、いかなる統一性をも持っていないのである。彫刻家がその像を作った後に、それは統一性を持つのだが、その統一性は外形から派生する。さて魂の本質的特徴——そのために魂が、肉体の〈形相〉となるところの特徴——は、魂が肉体をして、統一的単位としての目的を持つ有機的全体とすることにある。単一の器官は、それ自身の外側に目的があるのであって、例えば眼は、他の部分と離れては見ることはできないのだ。このように、全体としての動物あるいは植物を主語にして、多くのことが言い得るのだが、それらのことは動植物のいかなる部分についても、言うことはできないわけだ。有機的組織、すなわち形相が実体性を与えるということは、この意味においてなのである。植物や動物に実体性を与えるものが、アリストテレスの言う〈魂〉なのである(7)」

しかしそれよりも高次の原理として精神がある。精神の存在をアリストテレスは否定しなかった。かれはそれを霊魂(psykhē)と呼んでいる。

霊魂には、栄養的能力、感覚的能力、触覚的能力などが存し、それらを持つか持たないかは生物によって異なるが、ごく少数の生きものだけが算段力と思考力とを持つ。「何故なら可死的なものどものうちで算段力を持つものどもは、また残りの能力のすべてをもつが、しかし残りの能力のそれぞれを持っているものどものすべてが、算段力をもつわけではない、いや、或るものどもは表象さえも持たないが、しかし或るものどもはただその表象だけによって生きる(8)」。ところで理論的理性は、実際問題として人間だけが持っているものであるが、それは、魂の一部分であろうが、生き物のうちの少数だけが持っているに過ぎない。思弁としての精神は、運動の原因とはなり得ない。なぜなら、それは、実際的なことについてはけっして考えず、何を避けるべきかあるいは何を追及すべきか、についてはけっして指示を与えないからである。

「〔霊魂の〕算段的部分も、理性と呼ばれているものもその動かすものではない。何故なら理論的理性が考究するのは何も実行されるべきものではないし、また忌避すべきものや追求すべきものについて何も言いはしない、しかるに運動は何かを忌避、あるいは追求するものに属するのである。……理性が命令し、思考が何かを忌避、あるいは追求するように言っても、人は動かされないで、むしろ欲望に従って行為する[9]」

趣旨においてはけっきょく同じことを述べているのであるが、同じことが『ニコマコス倫理学』ではさらに体系的に述べられている。――

魂の中には、（A）合理的な部分と（B）非合理的な部分とがあり、さらに非合理的な部分には二つの部分があって、（i）生けるもののすべて、すなわち植物にさえ見出されるところの栄養と成長とを示す部分と、（ii）すべての動物に存在する食欲などの欲求を示す部分とである[10]、と。

「魂の或る部分は（B）分別をもたない部分であり、（A）他の部分は分別をもつ部分である……

（B i）分別をもたない部分のうちの一つは魂をもつものすべてに共有な部分であり、それは魂の植物的な部分であるように思われる。すなわち、私が言うのは栄養と成長の原因となるもののことである。というのは、魂のそのような能力をひとはすべて栄養機能をもつもの、したがって、胚子にも認めうるし、また同じ能力を成体にも認めうるからである。……(Bii)だが、他にも魂に本性上そなわる部分であって、分別をもたない部分があるようである。だが、これは或る意味では分別にあずかる。というのは、われわれは抑制のあるひとと抑制のないひとについて、かれらの持ちあわせている分別を賞讃し、かれらの魂のなかで、この分別を持ちあわせている部分を賞讃するからである。分別はかれらにただしく勧告し、もっとも優れた行為をするよう勧告するのである。だが、かれらのうちには、明らかに、本性上分別に反する或る他の部分もある。この部分は分別と争い、分別に抵抗する。……

このようにして、(B)分別をもたぬ部分にも二つあることが明らかである。すなわち、(i)一方は魂の植物的な部分であって、これはいかなる意味においても分別にあずかることがない。これに対して、(ii)他方は欲望的な部分、一般的にいえば、欲求的な部分であり、分別に聞きしがたい、服従するものであるかぎりにおいて、分別に何らかあずかるものである」[11]

ところが人間はその両者以上のものをもっている。それは理性である。そうして理性ある魂の生活とは観想(冥想)の生活であり、それは充分には達成し得ないけれども、人間の持ち得る完全な幸福なのである。

「しかしながら、このような生は人間の程度を上まわる生であると言えよう。というのは、ひとは人間としてあるかぎり、そのような生を持ちえず、或る神的なものが人間のうちに存するかぎりにおいて、これを持ちうると考えられるからである」

凡人はこのような至上の観想活動を実践することは不可能である。それは凡夫の境涯を超えたものなのである。ただ、ひとえに、神的な何ものかが人間の内に生存することによって、それが可能となるのである。

「そして、この神的なものの存在が〔形相と質料から〕合成されたものの存在に優越するものであるだけ、それだけいっそう、この活動も他の器量による活動に優越するものである。こうして、理性が人間に比して神的なものであるとすれば、理性にしたがった生活も人間的な生活に比して神的な生活であることになろう」

すなわち人間が理性にしたがっているかぎり、そのかぎりにおいては、人間の生活も神的であるということができる。「だが、われわれは『人間であるかぎり、人間のことを、死すべきものであるかぎり、死すべきもののことを想え』と勧めるひとびとの言葉に随ってはならない(12)」

ここで「人間のことだけ想え」と教えているのは、ギリシアの古典時代の詩人たちに一般に見られる伝統的な処世訓であり、ピンダロス、ソポクレス、エウリピデスなどに見られるというが(13)、アリストテレスはこれを批判しているのである。かれは、凡俗の常識的な世俗処世法から一歩抜け出したのであった。

「むしろ、われわれに許されるかぎりにおいて、不死なるものに近づき、われわれ自身の内にあるもののうちで最高のものにしたがって生きるようあらゆる努力を尽すべきである。なぜなら、これは嵩においては小さなものにすぎないにしても、力と尊さにおいては一切のものを遠く越えるからである」。ここでアリストテレスのいう〈最高のもの〉〈不死なるもの〉は最善のもの、最も価値あるものであり、われわれのうちにあるものであり、微小なるものであるというから、インドの哲人たちの主張したアートマンの観念に接近して来る。

けっきょく要約して言うと、人間は（1）栄養的なはたらき（植物に属する）と（2）感覚的なはたらき（動物に属する）の上に、さらに（3）理性的なはたらきをもち、ものごとを批判し、判断する思考的魂をもっている。

　アリストテレスのこの説明の趣旨をラッセルは次のように説明している。

「これらの行文よりすると、ある一人の人間を他のひとから区別するところの個性は、肉体と非合理的な魂とに関連していて、合理的魂すなわち精神は、神的で非個人的であるように思われる。あるひとはかき（牡蠣）を好み、あるひとはパイナップルを好む。そしてこれが、両者を区別している。しかしこの両者が掛算表について考える場合には、もしその思考が正しければ、両者の間に相異はない。非合理的なものはわれわれを分離させ、合理的なものはわれわれを統一する。このように精神あるいは理性の不死性は、個々別々の人間の個人的不死性ではなくて、神の不死性への参与である。プラトンが与え、また後にキリスト教徒たちが教えたような意味での、個人的不死をアリストテレスは信じなかったように見える。人間が合理的である限り、人間は不死なる神的なものに参与する、ということだけを彼は信じたのである。人間は、みずからの本性における神的な要素を増加させるか否かの自由をもっている。そしてそれを増加させることは、最高の徳なのである。しかしもし人間が、そのことに完全に成功してしまったとすれば、そのひとは個別的な人格として存在することを止めてしまうだろう。以上は、アリストテレスの言説に関する唯一の可能な解釈ではなかろうが、もっとも自然な解釈であるとわたしは考えている[14]」

このアリストテレスの立場を唯物論と呼んでいいのかどうかわたしには解らないが、単なる唯物論ではないということははっきりしている。つまり、生命を質料的なものであると考えたという点では、やはり〈唯物論的〉であるということはできるであろう。

そうして、近代の唯物論者たちもこの路線の上にあると言うことができるであろう。

エンゲルスの定義によれば、「生命とは蛋白体の存在様式であり、そしてこの存在様式は本質的にこれら蛋白体の化学的構成分のたえまない自己更新にある[15]」という。

この蛋白体は物質の発展過程の一定の段階に発生した物質形態である。

その後その構造や性質についてはさらに生物化学の研究が進んだが、この古典的な定義は今日なお意義をもっているという。そうしてこういう把握のしかたはアリストテレスの路線の上にあり、ただ、より精密化されたものであると言えよう。

アリストテレスの生命観に比較的に近いものを古代インドに求めるならば、それはヴァイシェーシカ哲学の生命観であると言えよう。この学派の哲学によると、生命（jīvana）はアートマン（いわば霊魂）の一種のはたらきであり、アートマンにのみ属するものである（ここでjīvanaというのは、前掲のjīvitaと同じことであるが、学派により、また場合により、名称を多少異にする）。

ところでこの学派では、身体とは別にアートマンが存在するということを主張して次のように言う。

「呼気、吸気、目を閉じること、目を開くこと、生命、意の運動〔一つの器官に刺激を受けること〕、他の器官に変化の起きること（例えば、おいしい物を眼で見ると、舌に唾液の分泌がふえて来る）、快感、不快感、意欲、嫌悪、意志的努力のあることが、アートマンの存在することを証明する証因である[16]」

ヴァイシェーシカ説によると、認識統覚機能、快感、不快感、意欲、嫌悪、意志的努力はアートマンのもっている性質または属性（グナ）であり、身体や感官は物質的なものであるという。では生命との関係をどう解釈していたかはっきりしない点があるが、アートマンのはたらきと解していたのであろう。

ところでアートマンが生命をもって活動するのは何にもとづくのか？ アートマンだって、人が死ぬときには休止するではないか？ 人はなぜ生きているのか？ ――この疑問に対してチャンドラーナンダは、それは〈不可見力〉という、目に見えない不思議な力のつくり出すはたらきであると説明している[17]。

機械論の立場では、生命を科学的に分析する余地がなくなり、また生命が進化する事実を説明し得なくなる。さらに、生命の基づく元のものである物質そのものが発展するという事実を説明し得ない。これは東西を通じて古代の機械論的生命観の理論的難点であるのみならず、近代のそれについても言い得ることであろう。

アリストテレスは〈霊魂は可能的に生命をもつ自然的物体の第一の現実態である〉と主張した

が、ヴァイシェーシカ学派のプラシャスタパーダは〈精神性は可能的に生命をもつ自然的物体（身体）を生かす原理である〉と考えていた。アートマン（いわば霊魂）の存在を論証してプラシャスタパーダは次のように主張する、――

「アートマンは微細であるがゆえに、直接に知覚されないものであるから、音声などの知覚によってその存在が推知される聴覚などの感官によってアートマンの存在を理解することがなされる。世間の実例を見るに、斧などの道具は能作者（行動主体）によって用いられる事実が認められ、それと同様にもろもろの器官の能作者によって用いられる事実が認められるから、また一般に承認されていることにより、音声などに関しても活動の主体（すなわち認識主体 jñātṛ）の存することが推論によって知られる」

このように説き起こして、身体だけでは生命現象は起こり得ないということを主張する、――

「身体と器官と意とには活動の主体たる性質は存しない。なぜなら、それらは非精神的なものであるから。まず身体には精神性は存在しない。なぜなら身体は、例えば瓶などのごとく、元素によって作り出された結果なのであるから。そうした死んだ身体には精神性は存し得ない」

すなわち〈生きている〉ということは、身体に精神性が加わっていることなのである。つづけて、プラシャスタパーダは、アートマンの存在を想定せざるを得ないということを、残余法を用いて論証する。

「またもろもろの器官にも精神性は存在しない。なぜなら、それらは認識のための道具なのであるから。……

また意（manas）にも精神性は存在しない。……

それゆえに残余法によって、精神性はアートマンのつくり出す働きであるから、それゆえにアートマンの存在することが理解される(18)」

ところで、身体に精神性の現われることが、なにゆえに〈生きている〉という現象を成立せしめるのであるか、その事情あるいは構造をプラシャスタパーダは説明していない。この難点は、またアリストテレスも共有するものであろう。

哲学史上におけるこのような生命原理を立てる思想に対しては、次のように批判を述べることができるであろう。

生命は身体に相即している。しかし精神性は必ずしも身体につねに相即してはいない。人間が人間として生きるためには、生命と相即している身体において精神または心がはたらいているのでなくてはならない。心のみの人間存在というものは考えられない。また身体プラス生命というだけでは、それは人間存在と呼ぶことはできない。

ところで、その心なるものは、身体と対立するものではない。心は実体をもっていない。身体は空間を占有しているし、その点である意味での実体をもっている、と言えるであろう。しかし心の占有する空間的分量を規定することはできない。

そうして身体は、それ自身いかに大切なものであろうとも、心にとっては道具としての意味をもっている。だから身体の一部分がそこなわれたときには、そこに人工的な道具をあてはめることによって、間に合わせることができる。

そこで言えることは、次の道理である。

――心も身体も異なった存在意義をもっているものではあるが、勝義における実体としての意義をもっていない。それぞれ特殊な存在意義において、それぞれが理解するべきである。

生命の一つのありかたとしての「病」は、身体に即したものではなく、また心に即したものでもない、という陳述が『維摩経』のなかになされている。この経典によると、文殊菩薩（詳しくは文殊師利《もんじゅしり》 Mañjuśrī）が、世俗の資産家（居士《こじ》）である維摩《ゆいま》（詳しくは維摩詰《ゆいまきつ》 Vimalakīrti）に質問を発し、後者が前者に答えるという筋書きになっている。

「文殊師利いわく、居士が疾《や》むところは、何の相をなすやと。維摩詰いわく、我が病は形なし、見るべからず。また問う、この病は身と合するや、心と合するや。答えていわく、身と合するに非らず。身相離るるゆえに。また心と合するに非らず。心は幻のごときものなるがゆえに(19)」

この対談は、身体と心とが対立する原理であるということを認めて、病はそのどちらの相でもないという。ただしこれは、生命を身体の形相とみなすアリストテレスのような見解、あるいは生命現象をアートマンの活動作用とみなすヴァイシェーシカ哲学のような見解に正面からぶつかっているのではなくて、「いかなるものも空である」という一般的な論理をたまたま「身体」と「心」という二つの概念に適用しただけにすぎないのであろう。

ただしこの説明は自己暗示としては今日なお生きている。日本の若干の新興宗教はこの文句にもとづいて病気治療を行なっている〔クリスチャン・サイエンスの場合も似ている〕。

生命の奥に形而上学的実体を想定すると、その形而上学的実体がいかなるものであるかということを万人に首肯させることは困難である。なぜならわれわれの知覚の領域を超えてしまうからである。

また他方われわれの知覚の範囲だけに限定して、物質から生命が起こると断定するにしても、物質を放置しておいては生命は出て来ない。

そこで第三の道として形而上学的実体を想定するのではないが、生命現象を成立させるための根拠として生命原理を想定する試みがなされた。その生命原理はアートマンや霊魂ではなくて、そちらとは異なる別の原理なのである。

仏教では、生命の原理をとくに独立に想定するようになった。そこで仏教の哲学体系では「生命原理」を意味する言葉として「命根《みょうこん》」(jīvitendriya) というものを考えるようになった。生命の力をもっている原理を命根と呼ぶ。仏教の複雑な哲学体系では、これを独立の原理としてとり上げて論じている。「生命原理」は物質的なものでもない、そうかといって純精神的な原理でもない、そのどちらでもない、と規定されている。

その原理は、人がこの世に生をうけてから死にいたるまでのあいだ持続し、体温 (煖《なん》 uṣṇa) と意識 (識 vijñāna) とを維持するものである。

こういう見解は、個人存在の無常、苦という思想と結びついて、すでに原始仏教聖典のうちに説かれている。(20)

「色かたち (人間の物質面) は泡沫のごとくである。

感受作用は水泡のごとくである。

表象作用はかげろうのごとくである。

形成作用は芭蕉のごとくである。

識別作用は幻のごとくである。

日のみ子（釈尊）は説きたもうた（一）。

瞑想するのに応じて正しく考察するならば、それ（万物）を正しく観ずる人にとっては〔万物は〕実体なく（rittaka）、空虚（tucchaka）である（二）。

この身[21]に関して〔かくのごとく〕智慧豊かな人は説きたまう。

三つのものを離れたならば、
色かたち（物質面側面）は棄てられたのだと観ぜよ（三）。

その三つとは、寿命と体温と識別作用とである。

もしもこの三つがこの身体を離れたならば、
身体はうちすてられて横たわり、
精神のないものとして、他者の食物となる（四）」

この見解は、説一切有部という学派に継承された。この学派は、寿命と体温と識別作用（認識作用）がそれぞれ独立の実体的な原理であると考えた（ただしサウトラーンティカ派という学派は、それらが独立の実体的な原理であるという見解を否認した）。そうして、生命（寿）は体温（煖）と意識（識）を維持し、また体温と意識とはまた生命を維持して、両者は相互依存の関係にあり、死にのぞんでは、生命と体温と意識とが肉体から去ると考えていた。この生命、または生命原理は、他のもろもろの実体とは異なった一つの別の実体（dravyāntara）として存在すると考えていた。そうしてその生命という実体が去ると、人は精神作用をも失って死んでしまう。

ヴァスバンドゥの教義綱要書[22]には生命の問題を次のように論じている。

「生命（jīvita）とは何であるか？

『生命とは寿命（āyus）である』

なぜなら、アビダルマのうちには次のように説かれている。――『生命原理（jīvitendriya 命根）とは何であるか？　三界に存する寿命（āyus）である』と。

〔反論していうには〕これだけでは理解できない。ここで『寿命』というのは、いかなるダルマであるのか？

答えていうには、

『それは体温（uṣṇa）と意識（vijñāna）との依りどころ（ādhāra）なのである』

尊師は次のように説かれた。――『寿命と体温と意識作用とが身体を捨てるときに捨てられた〔この身体は〕、精神なくして（acetana）、木片のようによこたわる』と。

それゆえに体温と意識作用との依りどころたるものであり、〔人間の〕存続の原因であるものが寿命である。

〔問うていうには〕それでは寿命の依りどころとなっているものは何であるか？

〔答えていうには〕体温と識別作用との両者が、〔依りどころとなっているのである〕。

〔サウトラーンティカ派の論難〕そうだとすると、これらは互いに依存して存在するのであるから、これらのうち、どれが先に滅するのであろうか？　またその力などにもとづいてどの二つが滅することになるのであろうか？　〔どれかが先に滅するということがないならば〕それらのものは永久に消滅することはないことになってしまう。

〔有部（説一切有部の略）答えていうには〕それでは〔各人の〕業（karman）が寿命の依りどころであるとしよう。なぜなら〔過去の〕業の引く限り、その間は寿命が存続しているのであるから。

〔サウトラーンティカ派の論難〕それでは、業こそ体温と識別作用との依りどころであるということを、どうして承認しないのか？　〔何もことさらに生命原理というものを想定しなくてもよいはずである〕。

〔有部が答えていうには〕識別作用なるものはすべて、〔人が〕死ぬときに至るまで〔過去の業の〕報いであるということは有り得ない〔それは善悪の業とは無関係のものである〕。

〔サウトラーンティカ派いうには〕そうだとするならば、業が体温の依りどころたるものであり、そうして体温が識別作用の依りどころであるとしよう〔そうだとすると、実体としての生命原理を想定する必要はなくなってしまう〕。

〔有部の反論〕そうだとして〔難点を切り抜けようとしても〕、無色界（物質のない領域）のうちにある識別作用（つまり精神）は依りどころがないことになってしまうであろう。なぜなら〔無色界には物質的なものがないから〕体温が存在しないからである。

〔サウトラーンティカ派の切り抜け〕それでは〔無色界では〕業が識別作用の依りどころとなるのであろう。

〔有部の論難〕ある場合には体温が識別作用の依りどころであろうと言い、またある場合には業が識別作用の依りどころであるという恣意的な議論はなすべきではない。この点に関しては、すでに説いておいた。

〔サウトラーンティカ派いうには〕何が説かれたのであるか？

〔有部いうには〕すでに『識別作用なるものはすべて、〔人が〕死ぬときに至るまで〔過去の業の〕報いであるということは有り得ない』と説いておいた。

それゆえに両者（体温と識別作用と）の依りどころたるものとして寿命（āyus）が存在するにちがいない。

〔サウトラーンティカ派いうには〕われわれは『寿命（生命原理）というものが存在しない』と主張するのではない。そうではなくて、『生命原理』という別の実体（dravya）が存在しない、ということをわれわれは説くのである。

〔有部の反論〕それでは〔生命原理とは〕何であるのか？

〔サウトラーンティカ派いうには〕三界に存する『生物の部類としての型』（衆同分。例えば人間として）存続する時間にわたる連続的潜勢力がある。すなわち、過去の業によって『生命の部類としての型』の連続的潜勢力がつくり出される。——これこれの時間のあいだ存続すべきである、と。その時間のあいだ、その人が存在しているとする。その連続的潜勢力[23]（āvedha）が生命（āyus）と呼ばれる。あたかも、穀物を熟させる時間にわたる〔発育のための〕潜勢力のようなものである。あるいは、放った矢が飛んで行くのをつづける潜勢力のようなものである。〔ヴァイシェーシカ派の説〕ある人（ヴァイシェーシカ学徒）は考える。潜勢力（saṃskāra）というある特殊な性質（guṇa）が矢の中に生じる。その性質によって、矢は、落下するときに至るまで、進んで行くのである。

〔ヴァスバンドゥの論難〕その潜勢力という性質は、ただ一つだけあるものであるから、また他の地域に達するのに、異なった速さの度合によって達する時間も異なるということは有り得ない。また〔矢の〕落ちる時間の異なるということも有り得ない。

〔ヴァイシェーシカ派いうには〕風に礙げられるから、進行が制限されるのである。

〔ヴァスバンドゥ答えていうには〕〔風に礙げられたときに〕矢は先に落ちてしまうことになる。あるいはまた矢は決して落ちないということになってしまう。なぜなら、〔矢の進行を礙げる〕風であるという点では、〔いずれにしても〕異ならないから、このように〈説一切有部の人々は〉別の実体（dravya）としての生命（āyus）が存在する、と説いている」

論争は以上で終っている。生命原理（jīvitendriya 命根）を認めるという態度はそののち唯識哲学にも継承されている。しかし仏教では現実に生きている人の「いのち」を大切にすることは大いに強調したけれども、生命原理「命根」に関する論議はさほど発達させなかった。

このように生命原理を立てて説明するということは、仏教でも教義学者たちのあいだだけでなされた試みであり、仏教に最初からあった思想でもなく、また仏教にとって本質的なものでもない。

ヴァイシェーシカ派は多数の実体を認めたにもかかわらず、生命を実体としては認めず、単に自然界に存する多くの潜勢力の一種としか認めなかった。この点でヴァイシェーシカ哲学の生命観は徹底的に機械論的であったと言えよう。

生命原理についての論説は一様ではないが、われわれはそれを盲目的な「衝動力」と呼ぶことはできるかと思う。ショーペンハウアーはこれを「意志」と呼んだが、日本語で「意志」というときには、何ごとかの目標を立てて、行動主体がそれに向って行動する意欲をいい、人間の思考作用とも密接にからみ合っている。ドイツ語の das Wollen や der Wille はもっと意味内容の単純な語かもしれないが、日本語で「意志」というときには、それが明治以後に人工的につくられる語であるために、複雑な意味内容をもっている。ドイツ語におけるこれらの語が民族の最初から、民族とともにある自然な語であるのに対して、「意志」というのは学者が強いて人為的につくり出した語であるから、そのあいだに大きなズレがある。われわれとしては、ただわれわれの存在の奥にある説明のつかない、衝動的な力と言わざるを得ないであろう。

(1) 山本光雄訳編『初期ギリシア哲学者断片集』(岩波書店、一九五八年、七六ページ)。
(2) Paul Deussen : *Elmente der Metaphysik*, S. xii.
(3) 以下『霊魂論』(『アリストテレス全集』6、岩波書店、三八―三九ページ)。
(4) 同右、三九―四〇ページ。
(5) 同右、四二ページ以下参照。
(6) B・ラッセル著、市井三郎訳『西洋哲学史』上(みすず書房、一七五ページ)。

(7) 同右、一七六ページ
(8) 『霊魂論』(『アリストテレス全集』6、四八—四九ページ)。
(9) 同右、一一一ページ。
(10) (A)(B)(i)(ii)という区分は、アリストテレスの原文にはないが、内容を理解しやすくするために、仮に付しておいた。
(11) 『ニコマコス倫理学』(『アリストテレス全集』13、三五—三七ページ)。
(12) 同右、三四三—三四四ページ。
(13) 同右、四四二ページ、註7。
(14) B・ラッセル著、市井三郎訳『西洋哲学史』上(みすず書房、一七六—一七七ページ)。
(15) 『反デューリング論』第八章(粟田賢三・古在由重編『岩波哲学小辞典』一九七九年、一三〇ページ)。
(16) *Vaiśesika-sūtra*, III, 2, 4. なお *Praśastapādabhāṣya* 〔44〕, pp. 69-70 ; Śabarasvāmin ad I, 1, 5 に引かれた Vṛttikāra の説参照。
(17) Jīvanam, adṛṣṭakāryatvāt (Candrānanda's Vṛtti ad III, 2, 4).
(18) *Praśastapādabhāṣya*, section 9 (ātman), p. 69.
(19) 『維摩詰所説経』巻中(大正蔵、一四巻五四四下)。
(20) *SN*. III, pp. 140-143. 『雑阿含経』第一〇巻(大正蔵、二巻六八中—六九中)、『五陰譬喩経』(大正蔵、二巻五〇一上)、『水沫所漂経』(大正蔵、二巻五〇一下)。
(21) ここで「身」というのは、身体的側面と精神作用とを含めた個人存在のことをいうのであろう。
(22) *Abhidharmakośa*, p. 73, l. 13f.
(23) āvedha とは弓の弦から放たれた矢の力、あるいは植物の芽の成長力に見られるような〈連続的潜勢力〉をいう。"continuing force" (F. Edgerton : *Buddhist Hybrid Sanskrit Dictionary*, p. 109).

四 〈個人〉とはなにか

ここで、われの自己が他人の自己と全く異なった実体であるという思想を考えてみよう。その一つの典型、あるいは、西洋における、代表的な典型は、ライプニッツのモナド（単子）論であろう。

個体が個として絶対であるゆえんを、スピノザやヘーゲルのような一元論的哲学では基礎づけることができない。この難点は、マルクス哲学も共通に所有している。そうしてこの難点は、インドの一元論的なヴェーダーンタ哲学も共有している。

そこで、その難点を避けるために、ライプニッツは、無限に多数の個的実体としてのモナドを想定した。

モナドは、単純にして不可分なるものである。それは「単一なる実体」であるが「単一」とは「部分がない」という意味である。

「さて、部分のないところには、ひろがりも、形もあるはずがない。分割することもできない」[1]

その本質は作用する力である。それはあらゆる有限な事物の根底に存在し、みずから働くものである。

このようなモナドは無数に存在していて、全宇宙の根本本質となっている。一切のものは、すべてモナドによって成り立っている。

モナドは非物質的な実体である。モナドの本質をなす働きは表象（perception）である。それはわれわれの通常の精神作用のあらわし出す意識的な表象と同じではない。モナドの働きは無意識的な微小表象（petite perception）を含んでいる（ここでライプニッツが perception という語を用いているのは、かれ独自の用法であって、今日の哲学用語でいえば、presentation または representation に近いものであると言わねばならぬであろう）。

それぞれのモナドは相互にまったく独立しているから、表象とはおのおののモナドの自己自身の表現（representation）にほかならない。モナドはそれぞれ自己の内部の力によって表象を有し、またこの表象を発展させてゆく。もろもろのモナドは相互に窓をもたない。

各主体が個であるということを徹底させた点で、ライプニッツの哲学は行きつくところまで行ったと言えるであろう。

しかしもろもろの個が互いに異なったものであるということを、ライプニッツは説明することができない。

なるほど、かれは、

「どのモナドも、他のすべてのモナドと、たがいにかならず異なっている。自然のなかには、二つの存在が、たがいにまったく同一で、そこに内的なちがい、つまり内的規定にもとづいたちがいが発見できないなどということは、けっしてないからである(2)」

と言うが、しかしかれの立場からでは、もろもろの個人は、それぞれ独立の存在でありながら、なぜに互いに異なった様相を呈して成長し発展するかというわけを説明することができない。なぜなら、もろもろのモナドは互いに窓をもたず、相互に影響し合うことがないはずであるからである。

もろもろの個人が互いに異なった存在であるのみならず、互いに異なった様相、すがたを現わして展開するゆえんを説明し得るためには、もろもろの個人に対して、他の個人が、否、宇宙におけるあらゆる事象が影響を及ぼすということを承認しなければならない。そうしてそれらがそれぞれの個人に対して影響を及ぼすしかたが少しずつ異なるからこそ、個人はみな互いに異なった存在として成立しているのであろう。もしもライプニッツ的思惟方法によるならば、もろもろの個人が別の実体であるということは説明し得るとしても、もろもろの個人が互いに異なったすがたをとっているという事実が成立しているのはなぜであるか、という理由を説明することはできないであろう。

それぞれの個人は全宇宙から影響を受け、その影響を受けるしかたが異なるからこそ、互いに少しずつ様相を異にした個人として成立しているのである。

ライプニッツにしたがって、一つのモナドとしてのわれわれの自己と、他の一つのモナドとしての他人の自己とがまったく別の実体であるということを仮に認めるとしても、甲という人のモナドと乙という人のモナドが内容的に異なるというゆえんを説明することができない。それを説明することができない、という点ではカント哲学も同じである。カントは人格についての抽象的一般的な議論を述べているだけで、個々の人格のあいだの内容・色調の相違がなぜ起こるか、ということを説明しないし、またその立場からは説明できないであろう。

ここに同じ日に生まれた、同性の（男かまたは女で）、体重も容貌も似た二人の赤児、甲と乙、がいたとしよう。甲は美的芸術的訓育を受けて、やがて美的芸術的なセンスが発達したとしよう。乙は体育で鍛えられて、身体が強壮になったとしよう。すると、両人は受けた教育が異なるために、人物・性格までも異なって来たのである。両人が異なった国で育てられると、食物・衣服などについての嗜好までも異なってくる。また育てられた生活圏の言語が異なると、両人の話す言語も異なって来る。そのほか両人の相違をひき起こすための原因は、無数に存在する。

こういう事情を考えると、二人の人を異なった様相をもった人間として成長させ、やがて社会に現われるようにさせる条件は、無数に存在する。その無数の原因・条件というものは、無限の過去にまで遡ることのできるものである。

このように考えると、無限の過去からの無数に多くの原因・条件が、その二人の人格を成立させているのみならず、その二人の人格の相違、つまりそれぞれの人格の独自性を成立させているのである。

考えてみると、宇宙の中のありとあらゆるものが、その人の独自性を形成しているのである〔このような原因となる宇宙の一切のものを、仏教哲学では増上縁《ぞうじょうえん》とか、能作因《のうさいん》とよぶ。すべてのものが因となり、縁となると考えるならば、「因縁《いんねん》」とよんでもよい〕。

原因をいくつかに分類するということは古代西洋でも行なわれていた。アリストテレスは四種の原因を想定した。これに相当するものはインドのヴェーダーンタ哲学でも認められる。しかし妨げをしないことが一つの原因であるという「能作因」のような観念は、古代西洋においては起こらなかった。

わずかに西洋の法学において「能作因」に近い観念が成立した。西洋のことに法学においては、ローマ以来can ansとcausa sine qua nonとを区別する。この二種の観念は、仏教における「因」と「縁」との区別に近い。しかしこの場合causa sine qua nonは、経験され知覚される範囲内において結果の成立に影響を及ぼし得たものだけに限られている。ところが仏教によると、宇宙におけるすべてのものが「縁」の中に含められ、あるいは説一切有部《せついっさいうぶ》における「能作因」のなかに含められる。宇宙における一切のものが何らかの意味で原因となっているという見解は、西洋では近代科学において初めて認められたものである。仏教は近代科学とまったく無関係であったにもかかわらず、この点では共通の思惟方法を認めることができる。そうして科学は知覚され得るもののみに限って論ずるのであるが、仏教はさらに原理的な立場に立って、単に知覚され得るものばかりでなくて、考えられ得るあらゆるものについて連鎖の網を考えるのである。その範囲は限定されていない。そうしてそこまで思いを馳せることが、真相をとらえるゆえんではなかろうか。

こういうわけであるから、人格の独自性ということは、それぞれの人が受けている無限に多くの原因・条件が異なったものであるということによって初めて説明がつく。もしもそれらの諸原因・諸条件が内容的にまったく同じものであったならば、どの人もまったく同じすがたのもので、同じ顔をしていて、差異はないことになってしまうであろう。

しかし、いかなる点でもまったく同じ二人の人というものはあり得ない。同じ父母から生まれた兄弟でも、種々の点で相当に異なっていることがあり得る。いかなる人も独自の存在であり、他人と代えることのできないものである。それは眼に見えない過去から受けているものが異なるからである。

人が遠い過去から受けている無限のはたらき――これを仏教では〈恩〉ということばで表現している。われわれはありとあらゆるものにはぐくまれているのである。

眼に見える、可視的な経験界においては、人は代置され得るものである。他人をもって代えることができる。現実の、見える世界においては、個人は、幾人かの定員のうちの一人である。昔の軍隊には「員数」ということばがあったが、現代の官庁や企業では「定員」ということが問題になっている。個人は定員をみたす一つの単位にすぎない。

ところが眼に見えない世界にまで思いを馳せると、それぞれの個人が、絶対に独自の無限の過去を背負っている。何年何月何日にどこそこで生まれ、どこそこで生活して、その独自の過去を背負っている人というものは、ただ一人しかいない。

そこで人間の個性も一人一人ちがって来るのである。

絶対確実に存在していたが、しかし現在の「われ」が忘却している過去を想起し、たどるならば、ただ一人しかいない「われ」の意義が明らかになる。その視点からすれば、はじめて「唯我独尊」ということが言える。もしも可視的な手段で計量され得る領域において、つまり個人が代替され得る領域において「唯我独尊」といったならば、それは思い上がりもはなはだしい、独善になるのである。しかし可視的な、計量され得る領域を越えるならば、そうしてそれぞれの個人を支えている無限の深みに思いを馳せるならば、いかなる人も「唯我独尊」であって差し支えない。

以上の道理は、未来を形成することについても言える。未来の世の中は多勢の人々の協力によって形成されるのであるが、甲なら甲という人だけがなし得る独自の「未来形成のはたらき」がある。それはまた乙という人だけがなし得る独自の「未来形成のはたらき」とは異なったものである。

われわれ一人一人の個人は、可視的な、計量され得る世界においては、員数をみたす一つの単位であるにすぎないが、独自のしかたで全宇宙を含んでいるという点で、まったく独自のものである。この境地に立ってはじめて、一人一人が「尊い」ということが言えるのである。

この心がまえは、人生における実践に喜びを与えてくれる。金銭、地位、名誉というようなものは、計量され得るもので、他人と代置され得るものである。ところがその人独自の活動、はたらきというものは、代置され得ない。

このように考えてみると、「自己」は二重の側面を持っている。計量され得る局面と、計量され得ない独自の局面とである。

例えば、甲という人が一六五センチの背丈があり、六〇キログラムの体重があるとか、一〇〇〇万円の財産があるとかいうのは計量され得るものである。特殊な称号や地位にしても、他人と代置され得るものであるという点でやはり、計量され得るものにほかならない。

しかし、自分の自己が、精神的にも物質的にも社会的にも計量されるものであるという事実を認識して、その上に自分の独自の意義を自覚するところに、人生における意義ある生活が成立する。そこにおいては小さな人間が、非常に大きな意義をもった存在となる。「人格の完成」とは、その独自の意義において完全に生きることである。それが「自己の完成」であり、偉大なものに生かされていることである。

ここにおいては、「他力」とか「自力」という既成観念は意義を失ってしまう。「神」という観念も色あせてしまう。擬人視されて考えられた「神」などは、あまりにも微小なものになってしまう。

人は全宇宙に生かされているのである。各個人は、全宇宙をそのうちに映し出す鏡である。この意味において各個人は「小宇宙」であると言えよう。ただしその「小宇宙」なるものは、他の「小宇宙」と代置され得ないところの「小宇宙」なのである。

このことわりを理解するならば、極端に離れて対立したものである「小宇宙」が本質的には「大宇宙」なのである。「小宇宙」は「大宇宙」と相即する。

個体としての行動は、他から隔絶されている「個体」が行動するのではない。「大宇宙」の無限の条件づけの一つの「結び目」が行動しているのである。

こういう視点にまで到達すると、自分が真理をさとるのだと考えることはできない。全宇宙が自分をして真理をさとらせてくれるのである。

「自己をはこびて万法を修証するを迷とす。万法すすみて自己を修証するはさとりなり(3)」

このことわりを知ることが、いわゆる「さとり」であろう。

浄土教の信者のあいだでは、

「わたくしが……する」

とは言わないで、

「わたくしは……させて頂く」

という表現をよくする。さらにそれは、日本人一般を通じてよく見られる表現である。ここには他力信仰がよく出ているのであるが、限られた存在としての自分のできることではないが、多くの人々の意向を受け、天地自然の恵みにあずかり、たまたま自分がこれこれのことをすることができるようになったと自覚しているのである。

浄土教では如来が自分に信心をくださるとか、キリスト教などでは神の恩寵によって救われるという。この場合に、神または如来と自分とを対照的に表現するから、両者はとかく別のものであると考えられ、対比されるというその限りにおいては同じ次元のものと考えられる傾きがある。しかし全宇宙を神または如来と呼ぶならば、それと個人とは対比関係にあるのではなくて、相即しているのである。

仏教で「さとり」ということを説くが、それは、無内容なものであってはならず、わけのわからぬ荒唐無稽な言説であってもならぬ。まさにこの道理を理解することでなければならぬ。

「人間の平等」ということが、よく説かれる。しかし現実の社会においては、人間は決して平等ではない。共産主義社会においてさえも、多数存在する個人は決して平等ではない。むしろ共産主義社会のほうが、階級的差別は厳しいのが現状である。しかし、目に見えぬところで全宇宙に連なっている人格であるという点で、あらゆる人間は平等なのである。

現実社会における人間は、いつになっても平等であり得ない。共産主義者たちの説いたことは、一つの夢であり、お伽ばなしであった。しかしすべての人間存在を成立させる究極の立場から見ると、すべての人間は平等である。同一ではないが、平等なのである。

次のように表現することも可能であろう。

若干の体重をもち、若干の収入をもち、若干の人間関係において生きている人間は決して平等ではない。しかし、それらをすべて含む存在（小宇宙）であることによって、あらゆる人々は平等なのである。それは目に見えるものから目に見えないものすべてを含む領域の立場から言えることなのである。

「人格の尊厳」ということは、こういう自覚にもとづいて言えることである。現実に生きている人間は、あまりにも浅はかで、とても「尊厳」であるなどとは言えないと思われる。しかし目に見えぬ意義に思いを馳せるとき、人格の「尊厳」ということが成立する。

ただわたしは、近代西洋で強調され、またこのごろ日本ではやっている「人格の尊厳」ということばには、何かしら「いやらしさ」を感じる。いかにも虚構にみちているという感じである。絶えず「員数」として扱われている点には「尊厳」の扱いを受けているとは思われない。

しかし、「われも人の子、かれも人の子」と思って、他人に対して無限の親しみを覚え、尽きぬ共感を共にするときに、われわれは明るく生きる生き甲斐を感じる。それはともに無限・無尽蔵なるものとの一体感を通じての、心と心の抱擁である。

（1）『モナドロジー』（『世界の名著』25、中央公論社、四三七ページ）。
（2）同、四三八頁。
（3）『正法眼蔵』「現成公案」。

五　生きものは生きものを食う

「生きる」ということは、他の生命を「食う」ことである。鳥獣にはこの事実についての反省も嫌悪感もないかもしれない。しかし生きものが生きものを「食う」という凄惨な現実、――この事実は、それを反省する人にとっては恐ろしい現実である。それは闘争の問題に結びついている。

この事実についての論議は、西洋ではさほどなされなかった。しかしインドでは非常に古い時代から問題とされて来た。

ブラーフマナ祭儀書のうちには、世界創造に関する多くの神話があるが、若干の個所[1]では食物(anna）が万有の源泉で実質であると主張されている。神的な本質であるブラフマンが、司祭者である仙人に次のように告げる。「われ（食物の主）は天則から最初に生まれたものである。神神よりも以前から存する不死の臍（中心で源泉）である。われを他人に授けるならば、そのひとはそれによってわれをそのひとのものとする。われは食物である。われは食物を食し、またその食物を食するもの（飼養者[2]）を食する」。ある場合には月であるソーマが食物と同一視されている。(3) これにいくらか対応する表現がイスラエルにも存する。

「どうぞ主が彼《かれ》の地を祝福されるように。
上なる天の賜物と露、
下に横たわる淵の賜物、
日によって産する尊い賜物、
月によって生ずる尊い賜物」(4)

しかしここでは天地の産するものに感謝しているのであり、生きるために殺し合う凄惨な現実として把握しているのではない。

いのちのある宇宙と被造物とがつくられるための材料となっている神的なものが、ブラーフマナ祭儀書においては「食物」であると明言されている。それは物質と力の結合したものと考えられていたわけである。この食物のいのちある液汁があらゆるかたちの生命を構成し形成しているのである。生きものはお互いに食し合うことによって生きている。神的な実質それ自身は絶えることなく生きつづけ、あらゆる生物の生命の連続となっている（前掲の句(5)は、生命の無残なダイナミズムを表現しているわけである）。ここではいのちある物質と力の哲学が表明されている。それは心や精神の哲学ではなくて、闘う生命と身体の哲学なのである。(6) それは現実に生きるすがたのダイナミズムなのである。

そのような文句がつくられたのは、当時の村落共同体の農民たちのあいだで食物が非常に尊ばれたことに由来するのであろう。同時にわれわれはここに、生きものが互いに貪り食うものであるという見解が表明されているのを見出す。この点においてヘーラクレイトスの思想との類似が見出される。

「知らなければならないのだ、戦いはすべてにわたって公然と行なわれているのだということを。世の常道（正道）は争いであり、万物の生成は争いによるのであって、この常道をはずれることはないのだということを」(7)

ヘーラクレイトスの哲学は戦いの讃美である。「戦いは万物の父である」といい、平和を願うのは誤りであり、闘争こそ正義であると考えていた。西洋人がとかく「闘争」を強調する傾向があるその源流は、こういうところにも露呈しているようである。

このように闘争を肯定する思想は、インドにもギリシアにもあったのであるが、この場合に何らかの区別を立てようとするならば、古代インド人は現実生活において行なわれているこの原則を、具象的な想像に訴えて表現したのであり、これに対してギリシアのこの思想家は、同じ道理を抽象的な概念で表現した。この相違は両文明それぞれの特徴と無関係ではないようである。

「生きものは生きものを食う」という現実に対する反省は、インドで仏教やジャイナ教の出現とともに大いに問題とされるようになった（他の文化圏ではあまり問題にされなかったようである。したがって思想の平行的発展を扱ったわたしの『世界思想史』（中村元選集別巻、全四巻）においては、この問題は脱落せざるを得なかった）。

ゴータマ・ブッダ（釈尊）が人生の問題に思いをひそめるに至った動機の一つはこの苛酷な現実についての反省であったという。

「土のうえには青い若草、聖草が鍬に掘りかえされて散乱し、小さな蛆虫《うじ》・昆虫の類の生きものが死んで散らばっているありさまを見つめて、
かれは、あたかも自分の身内の者が殺害されたのを見ているように思って、いたく心を悩ました」(8)

「また農耕に従事している男たちが、風と〔きびしい〕太陽の光線と塵とによって〔その身体の皮膚の〕色がやつれ、また牛どもが運搬に疲労し喘いでいるのを注視して、いとやんごとなきこの王子は、いともあわれみ（kṛpā）の心を起こした」(9)

同じ趣旨の反省は叙事詩の中にも述べられている〔『マハーバーラタ』第一九九章（流布本、二〇八章)〕。

「マールカンデーヤ〔仙人〕いわく、――

そのとき有徳の猟師はバラモンに言った、――わたくしの行なうしごと(10)は実に恐ろしいことです。それは疑うべくもない（一）。しかしバラモンよ。〔運命の〕掟は力強く、かつてつくった業は避けがたいのです。これは昔つくった罪業の汚れなのです。

バラモンよ、わたくしはこの罪障を滅ぼすことに努めているのです（二）。〔しかし運命の〕掟に定められて、昔の業縁が殺者《ころして》となるのでしょう」

ここに説かれている「業」は、インド思想一般で問題にするような単なる行為、あるいは行為の影響力としての「業」ではない。われわれが生きるためには、嫌でも罪を犯さねばならぬ人間の性《さが》のなすわざである。浄土真宗で問題にするような根源的な意味をもった業なのである。

かれの仕事は、沙漠の民や西洋人一般にとっては悪業ではない。しかしインド人にとっては、悪であった。そこで反省と議論はさらに展開するのである。

「実にわれわれはこの〔殺生の〕行ないの機会因（nimitta）たるものなのです〔われらは矢のように機会因たるにすぎず、運命の掟が、矢を弓のつるにあてる人のように行動主体なのです。〕[11]」再生族の最上者（リバラモン）よ（三）。

われらはかれらを殺してその肉を売るのですが、神々と客人と奴僕とがそれを食い、また祖霊を供養するがゆえに、それらの〔肉〕を享受しても、法にかなうでありましょう。バラモンよ（四）。

薬草と茂る草、家畜・野獣・禽鳥は世人の食物として食われるべきものである、とヴェーダ聖典の文句にも伝えられている（五）。

再生族の最上者よ。かつてウシーナラの子（Auśinara）、シビ（Śibi）王[12]は、耐え忍ぶ人であって、自己の肉を捧げることによって、いとも達しがたき天界に赴いた（六）。

バラモンよ。昔はランティデーヴァ（Rantideva）王の厨において毎日二〇〇〇の家畜が殺され（七）〔同じく毎日二〇〇〇頭の牛が殺された〕。ランティデーヴァ王は常に肉をともなった食事を供して、無比の栄誉を得た。再生族の最上者よ。四月祭においては常に家畜が殺される、という（八）。

聖火は肉を欲する、とヴェーダ聖典にも伝えられている。バラモンよ。もろもろの祭においては常に家畜が再生族のものによって殺され、呪文（mantra）によって浄められて、かれらはすべて天の世界に達した、と伝えられる[13]」

ここでは祭祀において犠牲として殺される獣たちは幸せである、とまじめに説いているのである。祭祀において犠牲として殺された草・木・鳥・獣が来世によき状態に生まれかわり、またこれを実行した人が来世に幸福を受けるということは、正統バラモンの主張するところである[14]。

「バラモンよ。もしも昔に聖火が肉を欲しなかったならば、何人も肉を食することはなかったであろう。再生族の最上者よ（一〇）。

この食肉に関してももろもろの聖者は法軌（vidhi）を述べている。常に神々と祖霊とに供養して〔肉を〕食うとも、法軌に随い信仰に随うならば、肉を食べても穢されない（一一）。

こういうわけであるから、〔肉を食べても譬喩的な意味で〕『肉を食せざる人』である、とヴェーダ聖典に説かれている。〔あたかも〕定められた時期に妻に近づくバラモンでも〔譬喩的な意味で〕『清浄行をまもる人』（brahmacārin）である〔のと同様である〕（一二）。

真実と非真実とをはっきりと区別して確知した上で、この肉食に関しても法軌が述べられているのである。バラモンよ。昔サウダーサ（Saudāsa）王は激しく呪詛されて、人肉を食べた。これをあなたはどう思いますか？（一三）

再生族の最上者よ。わたしはこれを自己のつとめ（svadharma）であると考えて、〔この行ないを〕捨てない。〔こういうことをするのは〕昔つくった業（宿業）であると知って、わたしはこの業務（karman）によって生活しよう（一四）。

バラモンよ。自己のつとめ（svadharma）を捨てるならば、不正であるということが、この世で認められている。しかし自己のつとめを楽しむならば徳である、と確かに定められている（一五）。

実に以前に定められた業は人を解きはなすことがない。種々の業務を決定するこのきまりは、世界創造者（dhātṛ）によって見られ〔て形成され〕たものである（一六）」

ここに述べられている議論はまさにカルヴィンの予定説（predestination）を思わせるではないか？　職業倫理説と予定説とのあいだには、インドでも本質的な連関があったのであろうか？

「賢者よ。残酷な仕事を行なっている人は、このことを観じなければならない。――われはいかにしたならば仕事を清浄なものとなし得るであろうか？　われはいかにしたならば破滅から免れるであろうか？　と。その恐ろしい仕事は種々のしかたで〔罪滅ぼしをされ得ることが〕確知されるであろう（一七）。

施与、真実のことば、師に対する柔順、およびバラモンを大いに供養することをなすとき、わたしはつねに法を楽しむ者であり、優勝欲[15]と慢心をはなれている。再生族の最上者よ（一八）」

さらに農業でさえも殺生の罪から免れていない。

「農業を善であると人々は考えるが、農業においては最大の加害（殺生）が行なわれると伝えられている。人々は犂をもって耕しつつ、地中にある多くの生きものと他の生きものどもをしばしば殺すのである。それについて、あなたはどう思いますか？（一九）

再生族の最上者よ。米粒など穀物の種子と呼ばれるこれらのものはすべて生命あるものである。

それについて、あなたはどう考えますか？（二〇）

再生族の人よ。人々は獣を襲って、殺しては食する。また樹木と草をも断ち切る（二一）。バラモンよ。樹木にも、果実にも、また水の中にも多くの生きものが存する。それをあなたはどう思いますか？（二二）」

さらに生命の基本的な構造を考えて見ると、「殺し合う」ということは、生命にとって本質的なことである。

「バラモンよ。この全世界は生きものと生きものを食って生きているものどもとに充たされている。魚は魚を呑み込む。それをあなたはどう思いますか？（二三）

再生族の最上者よ。生きものは生きものによっていろいろと生活している。命ある者どもは互いに食し合っている。それをあなたはどう考えますか？（二四）

人々はどんどん歩きながら、地下にいる多くの生物を両足で殺す。バラモンよ。あなたはそれをどう思いますか？（二五）

知識あり分別ある人々が、坐しあるいは横臥しつつ、しばしば生物を殺す。あなたはそれをどう思いますか？（二六）

この全世界は、虚空も地上も、生物にとりつかれている。ところで無智なるがゆえに、それらを殺すのである。あなたはそれをどう思いますか？（二七）」

〈生きものを殺さぬ〉というのは、実は偽善者のことばにすぎない。

「昔おごりたかぶった人々は実に『不殺生』(ahiṃsā) ということを説きましたが、この世にお[16]

いて実に何人が生きものを殺さないでしょうか？　再生族の最上者よ。このように良く熟考してみますと、生きものを殺さない人はこの世には一人もいません（二八）。

再生族の最上者よ。修行者たちは〔観念的に〕不殺生を楽しんでいるが、しかし実は殺生を行なっているのです。ただ〔殺しても、なるべく殺さないように〕努めているから殺生は比較的に僅少だというまでなのです（二九）」

考えてみると、悪いということは、人間にとって本質的なものであり、ただ人々はそれに気づいているか、気づいていないかの相違があるだけである。

「良家に生まれて貴顕の人々で徳を積む者でも、非常に恐ろしい業務をなして恥じる人々もあり、また恥じない人々もいる。（三〇）

親友が他の親友を見るときでも、また敵が他の敵を見る場合でも——両者ともに、正しく行動する人々を正しく見通していない（三一）。

親族は他の親族が栄えているのを喜ばないし、みずから賢者なりと思う愚者どもは師を非難する（三二）。

再生族の最上者よ。世間において多くの顚倒（道に逆らったこと）が見られる。徳あることと徳のないことと、——あなたはそれをどう思いますか（三三）。

法にかない、あるいは法にかなわない業務に関していろいろなことを言うことができる。自己の業務（svakarma）に専念している人は、実に偉大な名声を博するであろう（三四）」

ただ自分の職務に専念することによって、個々人の罪はゆるされる、と主張していることになる。その趣意を分析すると、罪は人間全体のかぶるべきものだと考えていたことになるであろう。さてここで誰でも生物を殺して生きているのではないか、とここに述べられている立論は、古くして、また新しい。それは近代西洋においても表明されている。

ベンジャミン・フランクリンが自分の菜食主義を捨てた理論も、これと同じである。

「このころは、動物性の食べものは口にしないという自分の決意を私がまだ固く守っているときのことで、このときも、トライオン氏の教えに従って、どんな魚でも、魚をとるということは、一種のいわれなき殺生《せっしょう》であるという考えをもっていた。というのは、魚は、その魚を殺してもかまわないといえるほどの危害を私たち人間に加えたこともなければ、また加えうるものでもないからで、私にはこういった考え方が、全面的に筋が通っていると思われたからだった。ところが、そうはいうものの、私は以前から魚が大好きであるうえに、フライパンから湯気をあげて現われる鱈の匂いがすばらしくよかったので、私はしばらくのあいだ、自分の主義と食欲とのあいだをあれこれ迷っていたが、結局最後は、魚の腹を開いたとき、その胃袋のなかから小さな魚が現われてきたことを思い出し、『おまえたち魚がおたがいに共食《ともぐ》いしているのだったら、私たち人間が、おまえたちを食べていけないという理由もあるまい』と考え直して、鱈を腹いっぱい食べたことだった。そしてこのあとは、ときどき思い出したように菜食にもどることはあるにせよ、私は、ほかの人たちと同じに魚を食べることにした」(17)

叙事詩における猟師の論理や近代アメリカにおけるフランクリンの正当化の議論は、生きものは生きものを殺して食べているのであるから、生きものを殺して食べて差し支えないというのである。

ところがジャイナ教や仏教、特に大乗仏教の主張は、そのような現実を厭って、生きものを殺さないように努めるのである。

もしもできることであるならば、後者の道のほうが、反省をなす人間にとっては望ましいことであろう。


古代においては、個体の身体と器官とが注意されるにとどまっていたが、近代科学の発展とともに、一七世紀には細胞が発見され、その後細胞内の微細な構造が明らかにされるに至った。そうして細胞の内部に遺伝子やDNAのはたらきまでも明らかにされた。今後研究はますます進展するであろう。

しかしそれは生命のはたらきの見られる物質の構造がますます詳しくなるというだけであって、次の二つの問題に対しては答えが与えられていない。
（1）生命とは何であるか？　つまり生命現象の見られる物質を構成している諸元素とは異なった原理としての生命とは何であるか？　諸元素の結合のありかたの一種にほかならないのか？　あるいは諸元素とは異なった独立の存在なのであるか？
この二種の見解はすでに古代哲学において対立していたが、最近代の科学をもってしてもまだ解決が与えられていない。

(2) 第二に、生命は何のためにあるのであるか？　これに対して科学は答えてくれない。これは、恐らく自然科学の領域外の問題であって、あるいはこういう目的論的な設問自体が無意味なのであろう。

それを説明するためには、

(小前提) 生命はAである。

(大前提) Aは……のためである。

(結論) 生命は……のためである。

という推論形式をとらざるを得ない。ところが、生命を問題とする限りにおいては、生命よりもより広範囲な外延をもっているAという概念は存在しないからである。

「生命ははたらきである」

と言えるかもしれないが、「はたらき」という概念が〈生命〉を含意しているので、この命題はtautology (同語反復) にほかならないことになる。生命に関して物理的、数学的、あるいは論理学的な概念をもって述語することは理論学的には可能であるかもしれないが、生命を生命たらしめる本質的なものは、その概念規定の立場から逸脱してしまうからである。

そこで言えることは、「われわれが生きている」すなわち「われわれは生命を与えられている」というのは、われわれにとって原初的な事実である。それに対して、われわれは異なった道をとることはできない。

そうして「生きている」ということは「死ぬ」ことを内含している。われわれは毎日「生き」

てまた「死んでいる」のである。たまたまその生きるはたらきが途絶すると完全に死んでしまう。そこで「われわれは生きている」という原初的な事実を見つめて、それを何ものよりも尊いものとして大切に生きて行く。——これがのこされている唯一の道であろう。

（1）*Tait. Br.* 2.8.8.
（2）annasvāmin.
（3）*Bṛhad. Up.* 1.4.6.
（4）「申命記」三三・一三—一四。
（5）詳細については、H. Zimmer : *Philosophies of India*, pp. 345-350 参照。
（6）「プルシャ（原人）が食物によって興るとき、不死性を支配しつつ、過去および未来のこの一切のものとなる」（*ṚV*. X, 90, 2 ; cf. *ṚV*. I, 25, 10-12 ; *Śvet. UP*. III, 15)。
「太陽のうちにあるこの黄金より成るプルシャは……まさにこの内部の心臓の蓮華に依存し、食物を食する」（*Maitri. Up*. VI, 1.)。

初期のキリスト教では〈食をむさぼる〉というのは世俗的なことと解されていた。

「また人の子がきて食べたり飲んだりしていると、見よ、あれは食をむさぼる者、大酒を飲む者、また取税人、罪人の仲間だ、と言う」（「ルカによる福音書」七・三四）。
（7）ヘーラクレイトス、断片、六二（『ギリシア思想家集』世界文学体系63、筑摩書房、三九ページ）。
（8）*Buddhac*. 5.5.
（9）*Buddhac*. 5.6.
（10）肉を売るしごと（ニーラカンタ）。
（11）ニーラカンタの註により補う。
（12）仏典におけるシビ王ジャータカ（*Jātaka*, No. 499）参照。

（13）　この句はカルカッタ本にのみ存する。
（14）　例えば、*Manu.* 5. 39, 40, 42.『ヴィシヌ法典』五一・六一以下。なおヘーマチャンドラの『ヨーガ・シャーストラ』二・三三以下参照。
「囲陀論師説……人中猪羊驢馬等、於界場中、殺害供養梵天、得生彼処、名涅槃」（『提婆菩薩釈楞伽経中外道小乗涅槃論』大正蔵、三二巻一五七上）。
（15）　ativāda. これはウパニシャッドでは重要な観念である（*Bṛhad. UP*. III. 9, 19）。
（16）　「生きものは」sattvāni. 中性形であることに注意。
（17）　ベンジャミン・フランクリン『自伝』（中央公論社、『世界の名著』33、二五一一一六ページ）。

第三章　生命の愛惜

われわれは生命の問題を考察して、「生命の尊重」という観念にまで到達した。哲学者がどのように解釈しようとも、われわれは現実に生命をもって生活しているのであり、また他人の生命に対処せねばならない。生命を尊重すべきであるということは、人々のもっている実践的前提である。

ショーペンハウアーはすべての生命にとって苦悩は本質的なものであり、知識が少しでも増大すれば、それだけ苦悩も増大すると考えていたと言われる。生命の問題は苦悩を内含している。苦悩を内含しているということは、また生命がはかないものであるということにつながっている。

いのちははかないものである。そうであるからこそいのちは愛惜されるべきである。

いのちははかないものであるという趣意で「露の命」ということをいう。その感懐はすでに万葉の歌人にあらわれていた。

　ありさりて後もあはむと思へこそ

露のいのちも継ぎつつわたれ(1)

「いのちは風前の灯《ともしび》のごとし」ということを、わが国ではよくいう。

この問題についてインド人の反省はさらに古く遡ることができる。

「ああ短いかな、人の生命よ。一〇〇歳に達せずして死す。たといそれよりも長く生きたとしても、また老衰のために死ぬ(2)」

仏教の開祖ゴータマ・ブッダ(釈尊)が道を求めたのは、まさにこの反省のゆえであった。

かれは政治的な地位と物質的な享楽という点では恵まれていた。それはかれの出身を考えるならば、取り立てて言わなくても解っていることである。しかし、かれはそれに満足することができなかった。かれは少年時代から、人生の問題に深く思い悩んだ。それにはかれの天性も与って力があったであろう。また母なき淋しさの憂鬱のためもあったであろう。

かれは後年サーヴァッティー国の「孤独者に給した人の園」にあって、少年時のことを回想して、もろもろの修行僧に対して次のように述べたという(3)。

「わたくしは、いとも優しく柔軟であり、無上に優しく柔軟であり、極めて優しく柔軟であった(身体が柔弱であり、華奢であった)。わが父の邸には蓮池が設けられていた。そこには、ある所には青蓮華が植えられ、ある所には紅蓮華が植えられ、ある所には白蓮華が植えられていたが、それらはただわたくし〔を喜ばす〕ために、設けられていたのであった。わたくしは〔よい香りのする〕カーシー(＝ベナレス)産の栴檀香以外には決して用いなかった。わたくしの被服はカーシー産のものであった。襯衣《したぎ》はカーシー産のものであった。内衣はカーシー産のものであった。

〔邸内を散歩するときにも〕寒さ・暑さ、塵、草、〔夜〕露がわたくしに触れることのないように、じつにわたくしのために昼夜とも白い傘蓋《さんがい》がたもたれていた。そのわたくしには、三つの宮殿があった。一つは冬のため、一つは夏のため、一つは雨季のためのものであった。それでわたくしは雨季の四カ月は雨季に適した宮殿において女だけの伎楽にとりかこまれて、決して宮殿から下りたことはなかった。他の人々の〔一般の〕邸では、奴僕・用人・使用人には屑米《くずまい》の飯に酸い粥をそえて与えていたが、わたくしの父の邸では奴僕・用人・使用人には白米と肉との飯が与えられた。

わたくしはこのように裕福で、このように極めて優しく柔軟であったけれども、このような思いが起こった、——愚かなる凡夫は、自分が老いてゆくものであって、また、老いるのを免れないのに、他人が老衰したのを見ると、考え込んで、悩み、恥じ、嫌悪している。自分のことを看過して、じつはわれもまた老いゆくものであって、老いるのを免れない。自分こそ老いるのを免れないのに、他人が老衰したのを見ては、考えこんで、悩み、恥じ、嫌悪するであろう、——このことは自分にはふさわしくないであろう、と思って。わたくしがこのように考察したとき、青年時における青年の意気（若さの驕り）はまったく消え失せてしまった。

愚かな凡夫はみずから病むものであって、また病いを免れないのに、他人が病んでいるのを見ると、考え込んで、悩み、恥じ、嫌悪している。——自分のことを看過して。じつはわれも病むもので、病いを免れないのに、他人が病んでいるのを見ては、考えこんで、悩み、恥じ、嫌悪するであろう、——このことはわたくしにはふさわしくないであろう、と思って。わたくしがこのように考察したとき、健康時における健康の意気（健康の驕り）はまったく消え失せてしまった。愚かな凡夫は、自分が死ぬものであって、また死を免れないのに、他人が死んだのを見ると、考え込んで、悩み、恥じ、嫌悪している。――自分のことを看過して。じつはわれも死ぬものであって、死を免れないのに、他人が死んだのを見ては、考えこんで、悩み、恥じ、嫌悪するであろう、――このことは自分にはふさわしくないであろう、と思って。わたくしがこのように考察したとき、生存時における生存の意気（生きているという驕り）はまったく消え失せてしまった」

右の回想は多分に事実に近いものであろうと思われる。最近世のインドでも大王（マハーラージャ）と呼ばれる豪族はあちこちに宮殿をもっている。その中で王者が椅子に腰かけていると、侍者が傘をもって、その上にかざしている。庭園の中にある美しい蓮池は、今のインドでもあちこちに見られ、ひとはそこで浴《ゆあ》みすることを好む。ベナレスは古来織物の産地として有名であるが、ゴータマ・ブッダの時代にも上質の綿織物を産することで有名であり、ネパールの南部でもそれを用いていたのであろう。

こういう優雅な生活に慣らされていたために、ゴータマ・ブッダは肉体的に弱く、ひよわで、精神的にはやさしい子であったのであろう。宮殿の中に閉じこめられていたために、恐らく同じ年ごろの子どもたちと一緒に遊ぶこともなかったのであろう。そうして繊細で敏感なセンスをもっていたことと思われる。

そうしてゴータマ・ブッダが王者の地位をすてて一介の修行者となったからには、かならずや、右にのべられたような深刻な反省があったにちがいない。およそ迷っているわれわれ凡夫は、みずから老衰の運命を免れないのに、しかも他人の老衰したすがたを見ては嫌悪の情をいだく。しかし他人について感ずるこの嫌悪の気持ちは、やがて自分自身に向けられて来るのではないか。自分もまたこのように老い衰える運命を免れないのに、他人が老いさらばえたすがたを見て嫌悪の情をいだくことは、なんというあさましいことだろう。病気や死についてもまた同様である。かれはわが身に引き当てて考えたのである。

この反省はなまなましい実感をともなっている。成長した人は誰でも自分がいつまでも若々しくあって老いないように、また健康であって病気にならないように、そうして結局は死なないようにと願っている。しかし人間の生存にねざしたこの希望は決してみたされない。

原始仏教末期の仏教者は、右に述べたようなこの反省は三つの驕り（憍り）を表現していると考えた。それは「若さの驕り」(yobbana-mada) と「健康の驕り」(ārogya-mada) と「いのちの驕り」(jīvita-mada) とである。[4]〈驕りたかぶる〉ということは、普通は、高位顕官にある人々、財産のある富豪、深い学殖を具えた学者、常人のまねのできぬ技術をもつ職人、芸術家のもつものであると考えられ、ときには世人はこういう高ぶった態度を示す人々を非難する。しかし問題はもっと深刻である。非難する世人自身が実は「驕り」をもっているのである。自分は若い、元気だ、生きているということを誇っている。その驕りは人間に本質的なものであり、そして空虚なものである。まさに人間存在の本質をついているのである。

今ここでは、ゴータマ・ブッダの反省だけを手がかりにして取り上げてみたが、右の反省は、多かれ少なかれどの人にも通用することであろう。

ここから導き出される結論は、

(1)生命には苦が内在する。苦しみは生命にとって付随的なものではなくて、本質的なものである。生命が喜び、歓楽をともなっているのと表裏の関係にある。

(2)生命は、苦しみと対決しようとする。生きている限り、生きて行くことに抵抗する力がはたらいているので、生命はそれを排除しなければならない。生命は、またその苦しみからのがれようと、もがいている。

さて、生命がはかないものであるならば、その限りにおいては、また尊いものであらねばならぬ。ところが世の人々は自分の生命の大切なことを忘れている。

自分の命が尊いものであるという自覚はゴータマ・ブッダ(釈尊)の場合にも現われている。命を愛し、惜しむということは仏典のなかにもいろいろ説かれているが、ゴータマ・ブッダ晩年の感懐はとくにわれわれの胸を打つものがある。晩年にかれが齢八〇にして生まれ故郷、南ネパールに向って旅をしていたけれども、当時の第一の商業都市ヴァイシャーリーの丘の上に登って、ヴァイシャーリーの都を見下ろして、「美しいな」といって別れを告げる。そのときにサンスクリットのテキストには「この世界は美しいものだし、人間の命は甘美なものだ」とあり、漢訳文には「閻浮提地、如五色画、人生於世、以寿為楽」となっている。人がこの世に生まれてきたならば、命長らえて楽しむというところに喜びがある。釈尊の晩年、亡くなる前にこの語を発したというところに感慨がこめられているように思われる。

次に原始仏教は自殺の問題をどう考えていたか？　修行を完成した修行僧が自殺を行なうのは必ずしも非難しなかった。

重病で臥せっていたヴァッカリ・ビクがいった(5)

「我が身は苦痛極まり、堪忍することかたし。刀を求めて自殺せんと欲す。苦しみつつ生くるを楽《ねが》わず」

そこでヴァッカリは刀をとって自殺した。かれの魂(6)がどこへ行ったのか、ということをビクたちが問題としたときに、釈尊は、

「かれの魂はどこかにとどまることなく、完全にときほぐされたのである(7)」

と答えたという。この話から見ると、完全に修行したビクが、もはやこの世に生きていても無用であり、自分も苦痛に堪えないと思ったときには、自殺することを承認していたのである。

では修行を完成していない修行僧や世俗人の場合についてはどう考えていたのであろうか？　はっきりした見解は表明されていないが、自殺したところでどうせ輪廻の生存をくりかえすのだから自殺は無意味だと考えていたのであろう。

修行僧は、世を捨てた人であり、その生死は、その人だけの問題であるかもしれないが、これを一般世人の問題として取り上げるならば、個人の生命の社会性、さらに広く言えば宇宙との連関性を考えねばならない。一個人のいのちは、その人だけのものではない。自殺するということは、その人がそれまで生きて来るのを助けてくれた人々の恩や厚意を殺してしまうことになる。はかり知れない多くの「生命」が、いま一つの「いのち」のうちに凝縮しているということを忘

れてはならない。

また別の問題が起こる。さて自殺するということが、修行の立場から見るならば、無意味であるとしても、現に人が痛烈な苦しみに悩んでいるときに、なお生かしておくべきであるかどうか？　ここで安楽死（Euthanasie）の問題が起きて来る。これは現代における重大問題として盛んに論議されている。しかし昔の人々も決してこれを意識しなかったわけではない。切腹に対する介錯の問題もその一つである。現代の医学の進展の結果、新たな問題が生じて来たのであるが、原則的には「生命の尊さ」と「苦痛を与えぬ」という二つの原則――この二つは時に矛盾することがある――によって解決されるべきであろう。

（1）平群氏女郎、『万葉集』一七・三九三三。
（2）*Sn.* 804.
（3）*AN*. I, p. 145f.
（4）*AN*. I, pp. 146-147.
（5）Vakkali. この話は SN. III, pp. 119-124,『雑阿含経』第四七巻（大正蔵、二巻三四六中――三四七中）、『増一阿含経』第一九巻（大正蔵、二巻六四二中――六四三上）に出ている。
（6）viññāṇa 漢訳では「識神」または「神識」となっている。
（7）apatiṭṭhitena viññāṇena Vakkali kulaputto parinibbuto ti.

第四章　長寿の願い

人々はだれでも長生きしたいと願う。東西を通じて、長寿の達成ということも積極的に勧められている。シナの道教の徒のめざすところはまさに不老長寿であった。

西洋でどのような教えが説かれたか、わたくしはいまだ審かにしていないが、仏典のうちには長寿は願わしいものとして望まれている。[1]そうして「長生きのための心がけ」も説かれている。

人が寿命をまっとうしないで横死することがあるのはなぜであるか？『九横経』[2]によると、次の九つの理由によって「命がいまだ尽きざるに横死す」という。

一つには、食物としてはならないものを食物とすることである。それは〈好ましからぬ料理〉である。また「飽腹してとどまることのない」場合もそうである。

二つには、食べる量をはからないことである。「節度を知らず」、多く食べて食べ過ぎることである。

三つには、習慣に従わないで食事することである。それは「時の冬なるか夏なるかを知らない」ことである。他国に行っても民衆が適当と思う習俗を知らないので、食物を消化することができない。それぞれの場合の食事に慣れていないからである。

四つに、食物を消化しないことである。食物としてとっても薬を服さないならば、吐き出してしまって、時ならぬのに消え失せてしまう。

五つに、熟するのを止めることである。大便・小便が下り来る時に、即時にあくびをせず、即時に排泄しないで〔我慢する〕ことである〔あくびをしたり排泄したいときにはすぐに行なうのがよい〕。

六つに、戒をたもたないことである。それは五戒を犯すことであって、殺しと盗みと他人の婦《つま》を犯すことと両舌と飲酒とである。またその他の戒のこともある。罪を犯したために県官〔の獄舎〕に入り、あるいは非命に死し、あるいは笞・杖・刃で切られたり刺されたりし、あるいは飢渇して死ぬ。あるいは脱出することができても、怨みある人のため死ぬ。あるいは驚き怖れて罪のことをびくびく思いあぐんで憂えて死ぬ。

七つに、悪友に近づくことである。悪友とはすでに悪いことをして、その引っかかりのある人である。なぜかというと、あいかわらず悪友を離れないから、善意の区別に気づかなくなり、悪友の悪いありさまを考えず、悪友のなす悪を思わなくなるからである。

八つに、適当な時でないのに〔修行僧が〕村落に入ることである。それを「冥行」という。また村落に争いがある時に行き、また村落で官吏や警吏が犯人を追捕しつつあるのを避けない。また道理に反したことをする、すなわち村落に入って妄りに他人の家宅の中に入り、見るべからざるものを妄りに見、聞くべからざるものを妄りに聞き、犯すべからざることを妄りに犯し、説くべからざることを妄りに説き、憂うべからざることを妄りに憂い、もとむべからざるものを妄りにもとめることである。

九つに、避けるべきことを避けない。すなわち狂暴な象や、悪い馬牛、はしる車、蛇、虺《まむし》、坑や井戸、水や火、抜刀した人、酔っぱらい、悪人、またそのほかの若干悪いものを避けるべきである。

このような九種の原因をつくる人々は、命がいまだ尽きないのに、即座に命を失ってしまうのである。ゆえに聡明な人は、避けるべきこれらの原因を識るべきである。それらを避けるならば、両種類の福を得る。一つには長寿を得る。二つには長寿であるがゆえに道を開くことができ、好く説かれたことばをも実行することができる。

以上は、釈尊がサーヴァッティー市の郊外の祇園で、もろもろの修行僧（ビク）のために説いたということになっている。右のうち第六が純道徳的なものであり、一から四までは食事に関するものであり、全体としては「生活の智慧」といった性格のものである。第九はまさに現代で言えば自動車の交通戦争に対応するものであろう。第八も、現代人に実行されていることである。——騒ぎがあったとき、警察とかかわりを持ちたくないなどというのはそれである。

ところで、こんなに注意してまで長生きする必要があるのだろうか？　世俗の人々が長寿を欲するのは当たり前である。しかし出家修行者に長寿は願わしいことなのであろうか？　早くニルヴァーナへ入ってしまった方がよいのではないか？(3)　これは仏教説として矛盾していないか？

これは明らかに矛盾であると、わたしは思う。しかし仏教はもともと最高目的（paramattha, amata etc.）を目指す教えであり、もしも長寿がそれに接続するものであり、人間にとって願わしいものであるならば、それを説いて差し支えない。そうしてニルヴァーナの教えを捨て去ってもかまわないのである。ニルヴァーナの教えそれ自体が、仏教にとっては、当時の他の宗教からとり入れたものにほかならず、一種の方便説にすぎなかった。だからニルヴァーナの教えを捨ててしまっても差し支えないのである。——後代の密教徒が行なったように。

右に紹介した教えは、また世俗の人にも適合すると考えられる。右の諸項のうち「食量を少なくする」ということは、世俗の人も実践すべきであると考えられていた。(4)

（1） *Dhp.* 109.
（2） 大正蔵、二巻八八三上—中。宇井伯寿『訳経史研究』三七七—三七九ページ参照。異訳がないので、わたしの翻訳については自信のない点がある。
（3） この疑問は経典の他の個所でも表明されている。中村『原始仏教の思想』I、六五二ページ以下。
（4） 出家者のための「食物の量を節せよ」という教えについては『原始仏教の成立』三六八ページ参照。なお *SN.* I, p. 82G. 散文のうちに詳しく説明されているが、パセーナディ王は一ドーナを食したが、後には一ナーリカのみに控えたという。ゆえに世俗人に対しても節食ということはたたえられていたのである。

第五章　他人の生命の愛惜

生命一般を愛惜するという態度から、他人の生命の愛惜ということについては、次の二つの方向が成立する。

（A）生命を奪うことは最大の罪悪である。

（B）反対に生命に奉仕することは最大の美徳である。

ということになる。

これを現実の生活の場所に適応すると、

（A）不傷害

（B）いのちへの奉仕

という態度が出て来る。これをさらに検討してみよう。

なにゆえに他人の命を尊重すべきであるか？

慈悲の徳は原始仏教以来、説かれているが、ことに大乗仏教ではさかんに強調された。従前の保守的な仏教に比べて大乗仏教ではとくに慈悲の意義を重んずる。そこに区別があるといわれている。

人はなにゆえに人を愛するか。なにゆえに人の命を尊び、労るべきであるか。この問題については、初期の仏教においてはこう考えている。――人は何人といえども自己を愛する、また自己を愛さなければならぬ。何人にとっても自己よりもさらに愛しいものはどこにも存在しない。人を殺すのはなぜいけないか。すべての人は生命を愛し、安楽を欲している。だから自己に思い比べて他人を殺してはならぬ。また殺さしめてはならぬ。自己を守る人は他の自己をも守る。それゆえに自己を守れ、という。この点を大乗仏教においては、とくに空観の思想によって哲学的に基礎づけている。

生きている、ということは、現実にはエゴイズムを主張していることである。しかしエゴイズムがエゴイズムとしてとどまっている限り、人間の苦悩はなくならない。

釈尊がスブーティに対して説いた教えとして次のように伝えられている。

「スブーティよ――

『およそ生きもののなかまに含められるかぎりの生きとし生けるもの、卵から生まれたもの、母胎から生まれたもの、湿気から生まれたもの、他から生まれず自から生まれ出たもの、形のあるもの、形のないもの、表象作用のあるもの、表象作用のないもの、表象作用があるのでもなくないのでもないもの、その他生きもののなかまとして考えられるかぎり考えられた生きとし生けるものども、それらのありとあらゆるものを、わたしは、〈悩みのない永遠の平安〉という境地に導き入れなければならない。しかし、このように、無数の生きとし生けるものを永遠の平安に導き入れても、実は誰ひとりとして永遠の平安に導き入れられたものはない』と。それはなぜかというと、スブーティよ、もしも求道者が、〈生きているものという思い〉をおこすとすれば、もはやかれは求道者とは言われないからだ。

それはなぜかというと、スブーティよ、誰でも〈自我という思い〉をおこしたり〈生きているものという思い〉や、〈個体という思い〉や、〈個人という思い〉などをおこしたりするものは、もはや求道者とは言われないからだ(1)」

人と人とは現実には別の存在として現われている。けれども、それは現実の生活領域において異なったものとして現われているのであって、存在の究極にまで入って考えるならば、自己、他人というものは相互に連関限定し合って成立しているものである。他人があってこそ、自己というものが成立する。その両者のあいだには相互に依存する関係がある。おたがいに基礎づけ合っている関係がある。それ自身としては存在しないで、他のものを前提とすることによって成立しうる。この道理を「空」という。世のなかに固定的なものはない。たがいに相依って起こっているという道理を縁起という言葉を用いて表現する。今日、縁起がいいとか、縁起が悪いとかいうけれども、これはまったく、後世に崩れた別の意味である。もとの（空の思想における）縁起という観念は、「いかなる個人存立も孤立したものとしては成立しない。必ず他のものに依存して、あるいは過去のものに基づいて未来のものを予想しながら存在している。目に見えないけれども、存在の根本はこのようなものである」というのである。この縁起の理法に基づいて慈悲の徳を実現しようということが、大乗仏教の実践の基本である。そこから「生きものを殺すなかれ」という不殺生が説かれるのである。

ただ生命を尊重するといっても、人間の生命だけを尊重すべきであるのか、あるいは範囲をひろげて動物の生命までも尊重すべきであるかどうか、ということが問題になる。

動物の生命までも尊重すべきであるという主張において、代表的なのはジャイナ教の主張である。

生命を尊んだということは、インド思想ではとくに顕著であるが、ジャイナ教（Jainism, Jaina）がいちばん徹底していたと思われる。その開祖は、ゴータマ・ブッダ（釈尊）とほぼ同時代のマハーヴィーラ（Mahāvīra）という人（西紀前約五世紀）であったが、この宗教は、人間の生命を尊ぶばかりでなくて、生きとし生けるもの、動物はどんな小さなものでも、損なわないように努める。「生きものを殺すなかれ」という教えは、われわれのあいだには仏教を通じて、非常に古い時代から入ってきている。ところがジャイナ教の教えは徹底している。生命を傷つけてはならぬということは、だれでも目ざしているけれども、それを完全に実行するということは容易なことではない。ジャイナ教では少なくとも出家修行者にはそれを完全に実行することを要求する。まず殺すことはいけない。動物を食うために殺してはならない。だからジャイナ教の人は肉食を絶対にしない。

それればかりでなく、歩くときにジャイナ教の修行者は道をホウキで掃きながら歩く。うっかり歩いていると、虫を踏んでしまう。だから、そうしないために、掃きながら歩くが、それは竹ボウキで掃いてはならぬ。それは堅いからだめだ、というので、彼らだけで綿でつくった柔かいホウキを虫追いのために使って、掃いたそのあとを歩く。日本では仏教僧侶が儀式のとき、払子《ほっす》を使うが、あれはもとインドで虫追いの道具であって、修行者がもっていたから、それが仏教に入って、ああいうものになったのである。わたしは、ジャイナの尼僧に会ったことがある。わたしはインド人の作法にしたがって、通訳を介して話したけれども、自分たちが綿でつくった独特のホウキをもっていた。さわってもいいというのでわたしはさわってみたけれども、実に柔らかいもので、虫一匹、殺せるものではない。

また、ジャイナ教徒は夜遅く、飯を食べてはならない。それは衛生上よくないということではなくて、夜遅く暗いところで食べていると、食物にたかっている虫を食べてしまうから、殺生の罪を犯すというのである。

また尼僧でも男僧でも、ジャイナ教の修行者はみなマスクをしている。これは口だけおおうのである。口をポカンとあけていると、口のなかに虫が入るから、殺生の罪を犯さないように、それを防ぐというのである。このように戒律を犯さないということでは、徹底している。

わたしはジャイナ教の寺で叱られたことがある。寺院にゆけば、靴を脱いで裸足になるということは知っていたが、わたしが麦藁帽子をもっていたのがいけないという。麦藁帽子の内側の革は屠殺によって得たものだから、そんな汚れたものは寺院の外においておけ、というのである。このように、たいへん戒律が厳しい。

ジャイナ教は、戒律を出家修行僧だけに強制するだけでなくて、世俗の人々にも強制する。現実の世界は厳しいものだから、なかなかジャイナ教の理想通りにはゆかない。

厳密にいうと、ジャイナ教の信徒たちは生産に従事することは困難である。大工になるには、木を伐採しなければならない。木には鳥が巣をつくっているが、それを破壊するから、樹木を切ってはいけないという。結局ジャイナ教の人は何になれるかというと、厳密にいうと、小売商人か金貸しにしかなれない。そこで、インド人の金貸しにはジャイナ教徒が多い。金を貸してもうけても、厳しい戒律を守るから、いわゆる「ごちそう」は食べられない。菜食の粗食に甘んじ、酒は飲んではならないということで、厳しい戒律を守る生活を送るから、金は溜る一方であるということになる。かれらはウソをついてはならぬという戒律を守っているから、信用がある。商人として信用があるから、ますます成功者になる。だからジャイナ教の信者には富裕な人々が多い。

前世紀までのインドの民族資本の半分以上はジャイナ教徒の手中にあった。現在でその人数は約二六〇万にすぎない、全インドの人口の約〇・四七%にしかならないが、それがかつては全インドの民族資本の半分以上のものを握っていたのである。

「宗教と資本主義」の結び付きということは、西洋でも問題になっているが、インドではまったく別の形で問題が起こっていること、しかもそれが根本的には「生命の愛惜」の問題から発生しているということを付け加えておこう。

ところで、いかなる動物も殺してはいけないということになると、隣人が危険に陥るのも見過すことになる。例えば、隣人が毒蛇に咬まれて死ぬのも容認することになる。しかしわれわれは人間である限り、人間を助けねばならぬ、という情に迫られるであろう。そうしてそのとおり毒蛇を殺して、隣人を助けるであろう。

しかし、毒蛇を殺して人間を助けねばならぬという絶対普遍的な定則は何も存在しない。毒蛇の立場から見れば、事情は逆になる。毒蛇にとっては人間は有害な、恐るべき存在である。ただわれわれは人間というかたちをとった生き物であるから、同じすがたや本質的特徴を共通に有するものに味方するのである。

そこで、動物、ことに人間に近い動物の生命を尊ばねばならぬという見解を保持しつつ、人間の生命の優位を認めたのは、仏教である。

以前に述べたようなジャイナ教のこういう生き方は極端で、結局、普遍的にはならないわけである。命を愛し、尊ぶという教えをとり上げて、しかも普遍的なものになったという点では、アジアでは仏教であったということがいえるであろう。

仏教では慈しみ憐れむという根本的な徳、すなわち慈悲を教えるが、「慈悲」の「慈」(maitrī)は慈しむ、「悲」(karuṇā)は憐れむということである。シナの六朝時代に「悲」という字は「憐れむ」という意味に使われたのである。仏教では慈悲の徳は根本的なものとして、原始仏教以来、説かれている。慈悲というものは、一言でいうならば、愛の純粋化されたものであるといえるであろう。

人間におけるその最も顕著な例は、たとえば母親が子に対していだく愛情のようなものであると説かれている。原始仏教においては母が身命を忘れて子を愛するのと同じ心持で、万人、生きとし生けるものを愛せよと教えている。経典の文句に「あたかも母がおのが独《ひと》り子《こ》を命を賭けても護るように、そのように一切の生きとし生けるものどもに対しても、無量の〔慈《いつく》しみの〕こころを起こすべきである[2]」という。

もともと仏教やジャイナ教で説いたことであるが、このアヒンサー（ahiṃsā　不傷害）が近代ではガンジー（Gandhi 一八六九―一九四八年）の運動の根本的な徳として立てられている。ガンジーは主張した。――独立を達成するためには力をもたなければならない。しかし人を傷つけてはならない。暴力に頼ってはならない、と。

ガンジーは若いときにジャイナ教のさかんな西インドのグジャラート州に生まれて育ったので、かれ自身はヒンドゥー教徒であったけれども、間接的にジャイナ教の精神的な感化をうけていたのである。

インドで仏教は消滅したけれども、仏教はアジア一般には「傷つけるなかれ」という教えを説いたのである。「生きものを殺すなかれ」ということは、仏教徒の守るべき五戒のうちの第一のものとされている。

このような思想のゆえに、仏教はインドの宗教一般に大きな変化をひき起こした。仏教以前においては、動物を殺して犠牲として神々に捧げるということがインド一般にひろく行なわれていた。この事情は、チベットでもシナでも日本でも、同様であった。ところが仏教の不殺生の教えのために、祭のさいにも動物の犠牲を捧げるということが行なわれなくなった。

これが現代の生物学の研究方法に関連して来ると、問題はさらに複雑となる。現代の生物学者が実際に研究を遂行するに当たっては、人間以外の生物の生命に対しては尊重感をもたないのが普通である。〈生命の愛惜〉ということは人間以外には通用しない。これは鉄則である。

しかし、仏教的心情が浸透しているわが国では、動物実験の犠牲となった動物のための慰霊祭が行なわれる。西洋にはないことである。人類のエゴイズムを拒否することはできないが、西洋におけるように無反省に放置されているのではなくて、第三者の高い立場から見るということが行なわれているわけである。

（1）『金剛経』三
（2）*Sn.* 149.

第六章　個別的な戒め

一　殺すなかれ

生きものは生きものを殺して生きている。弱肉強食である。

「多くの鳥が　集まって
腐肉を摑んだ　仲間たる
一羽の鳥を　えさのため
攻撃したり。それを見て
乞食行にと　赴けり。
美と力とを　そなえたる
牡牛が群れの　ただなかで

隆たる背肉を　動かすを
眺めおりしも　その牛が
突き倒さるるを　われ見たり。
それを見とどけ　このわれは
乞食行にと　赴けり(1)」

仏教は慈悲の教えであるから、まず「生きものを殺すなかれ」ということを強調している。

「生きとし生けるものに対して暴力を用いない(2)」というのが、理想とされているのである。

「生きものを〔みずから〕殺してはならぬ。また〔他人をして〕殺させてはならぬ。また他の人人が殺害するのを容認してはならぬ。

世の中の強剛《きょうごう》な者どもでも、また怯《おび》えている者どもでも、すべての生きものに対する暴力を抑えて(3)――」

仏教の説く不殺生は、人間を殺してはならぬということが第一であるが、理想としては生きものをすべて殺さぬことをいう(4)。

「昼も夜もすっかり心に不傷害を楽しんでいる人は、生きとし生けるものどもを慈しむ。かれはなにものをも怨むことがない(5)。

すべての者は暴力におびえ(6)、すべての者は死をおそれる。おのが身にひきくらべて、殺してはならぬ。殺させてはならぬ。

すべての者は暴力におびえる。すべての〔生きもの〕にとって生命は愛《いと》しい(7)。おのが身にひきくらべて、殺してはならぬ。殺させてはならぬ。

生きとし生ける者は幸せを求めている。もしも暴力によって生きものを害するならば、その人は自分の幸せを求めていても、死後には幸せが得られない。

生きとし生ける者は幸せを求めている。もしも暴力によって生きものを害しないならば、その人は自分の幸せを求めているが、死後には幸せが得られる[8]」

不殺生の思想はジャイナ教のみならず、バラモン教にも部分的に存し[9]、叙事詩[10]においても説かれているが、仏教はそれを受けたのである。

不殺生の趣意は、ジャータカでも説かれている。

一頭の羊が過去世に多くの羊を殺したために、後の世に落雷によって殺されるという禍を受けた。

「もし、生きとし生ける者が、

『これは苦しみの生涯をもたらすもの』と、
このように知るならば、
生きものが生きものを殺すことはないであろう。

生きものを殺すものは、悲しむことになるのだから。

こうして、〈偉大な人〉は、地獄の恐ろしさで畏怖させて説教をされた。人々は、その説教を聞いて、地獄の恐ろしさにおびえ、生きものを殺すことをやめた[11]」

「殺すなかれ」ということが、修行僧に対して要求されていたことは当然である。

「いかなる修行僧であろうとも、故意に〔知りつつ〕生物の生命を奪うならば、パーチッティヤの罪を犯したことになる（パーチッティヤ、六一）。

いかなる修行僧であろうとも、故意に〔知りつつ〕虫の入った水を飲用するならば、パーチッティヤの罪を犯したことになる（パーチッティヤ、六二）」

これらの規定は、ジャイナ教の場合によく類似している。

ただし、修行僧の場合には、不殺生ということが非常に厳しく考えられていた。

「いかなる修行僧であろうとも、故意に、虫の混っている水を、草または土の上に撒布し、あるいは撒布させるならば、パーチッティヤの罪となる（パーチッティヤ、二〇）」

漢訳の『五分律』戒本によると、その水を飲食に用いたのもパーチッティヤの罪を犯したことになるのだという。

苦行者（tāpasa）のうちには、トカゲのおいしい肉を食べている者もいた。トカゲは苦行者を評していう。

「かれは修行者なりと思いて
自制なきかれにわれ近づけり。
修行者にあらざる者のごとく、
かれ棒もてわれを打たんとす。
愚か人よ、髪を結いて何をかせん。
皮衣を着て何をかせん。

なんじは内に〔貪欲などの〕密林をいだき、
ただ外をば飾るなり[12]」

人間は、生きものを殺すことなしには生きて行けない存在であるが、やたらに殺すということはつつしまなければならない。人はどうかすると、生きものを殺し、殺すことを楽しむが、それは自制すべきである。

「生きものに対しても自制して、〔殺さないということは〕善いことだ」と言って、「生きものに対して、害し悩ますことなしに生活する人」をほめたたえている[13]。

「一度生まれるもの（胎生の動物）でも、二度生まれるもの（卵生の動物）でも、この世で生きものを害し、生きものに対するあわれみのない人、――かれを賤しい人であると知れ[14]」〔卵生の生きものは一度卵として生まれ、次に孵化して小鳥となるから「二度生まれるもの」と呼ばれる〕

ここではあわれみ（dayā）を重んじている。この見解によると、「鳥獣を殺すこと」はすべて善くない、悪なのである。仏教の説く不殺生は、人間を殺してはならぬということが第一であるが、理想としては生きものをすべて殺さぬことをいう。

盗賊アングリマーラを教化するにあたって、釈尊は次のように（詩句で）説いたという。

「アングリマーラよ。われは〈安住〉している。あらゆるときに生きとし生けるものに対する杖（＝害心）を捨てているのだから。

ところがなんじは生きものに対してみずからを制することがない。だからわれは〈安住している〉が、なんじは〈安住していない〉のである[15]」

なぜ生きものを殺してはならないのかというと、いかなる生きものにとっても「自己よりもさらに愛しいもの[16]」はどこにも存在しない。「同様に他の人々にもそれぞれ自己は愛しい。ゆえに自己を愛する者は他人を害してはならぬ[17]」。

人を害《そこ》ない、あやめると、やがては自分に害がおよぶということを具体的に説いている。

「手むかうことなく罪咎《つみとが》のない人々に害を加えるならば、次にあげる一〇種の場合のうちのどれかにすみやかに出会うであろう――（1）激しい痛み、（2）老衰[18]、（3）身体の傷害、（4）重い病い、（5）乱心、（6）国王からの災い、（7）恐ろしい告げ口、（8）親族の滅亡《ほろび》と、（9）財産の損失と、（10）その人の家を火が焼く。この愚かな者は、身やぶれてのちに、地獄に生まれる」

ただ現実の問題ということになると、生命を奪うということを原始仏教の信徒でも行なっていた。実際には肉食、交戦、農業を認めていたわけであるから、やはり問題は残されているのである[19]。

（1）*Jataka*, No. 408, 3 ; 4. III, p. 380,『ジャータカ全集』5、九八―九九ページ。
（2）*Dhp*. 142.
（3）*Sn*. 394. cf. *Sn*. 146.
（4）「もろもろの群生を殺さず」（『六方礼経』）。
（5）SN. X, 4, 3 (vol. I, p. 208).
（6）おびえ――bhī（恐れる）という語根はサンスクリット語では名詞の奪格（ablative）を支配する。

ところが叙事詩においてはプラークリット語の影響で属格（genitive）をとり、それがパーリ語では一般化したのである（H. Lüders: *Beobachtungen*, § 195. S. 141-142)。

（7）すべての……生命は愛しい——sabbesaṃ jīvitaṃ piyaṃ. 同じ文章がジャイナ教の聖典にも出て来る。savvesiṃ jīviyaṃ piyaṃ（*Ay.* p. 8, 1. 25).

（8）*Dhp.* 129-132.

（9）バラモン教の学生も生きものを殺してはならぬとされていた（*Gautama-dharma-sūtra,* II, 17. *SBE*, vol. II, p. 16)。

（10）*MBh.* XIII, 113, 5.

（11）*Jātaka*, No. 18.『ジャータカ全集』1、一八九—一九〇ページ。

（12）*Jātaka*, No. 325.『ジャータカ全集』4、八八—八九ページ。

（13）SN. I, p. 21G.

（14）*Sn.* 117.

（15）*MN.* No. 86（Aṅgulimāla-sutta), vol. II, p. 99.

（16）piyataraṃ attanā.

（17）SN. I, p. 75G.; *Ud.* V, 1. 散文の部分において、この趣意をパセーナディ王が詳説している。

（18）老衰——jāni. 漢訳『法句経』刀杖品には「恍惚」と訳している。近来はやった「恍惚の人」という表現はすでに仏典のなかに存するのである。

（19）I. B. Horner, *Early Buddhism and the Taking of Life, in B. C. Law Commemoration Volume*, vol. I, pp. 436-455.

二　肉食の問題

「殺すなかれ」という教えは、当然肉食をしてよいかどうかという問題に関連してくる。主として世俗の人々のために説かれたジャータカの中でも、肉食は容認されていた。兎（前世の釈尊）は修行者に施す食べ物をなにも持っていなかったので、焚火の中に身を投げて、自分の肉を焼いて、修行者（samaṇa）に与えたという。(1)

サーリプッタは汁気の多い肉を、貰い受けて僧院の病人たちに与えたと伝えられている。(2)またヒンドゥー教徒は、生きもののうちでも特に牛を殺すことを罪悪視しているが、原始仏教においてはその傾向は見られない。(3)

仏教と密接な関連のあるジャイナ教は、「生きものを殺さず」「肉食せず」という戒律を堅持していることで、世界的に有名である。しかし最初期においては、必ずしもこの戒めを厳守してはいなかったようである。

最初期のジャイナの出家修行者が摂っていた飲食物の中には、「肉を主としたもの」(4)、「魚を主としたもの」(5)、「肉を切って乾かした団子」(6)、「魚を切って乾かした団子」(7)があった。また、わずかばかり食することができて大部分を捨てねばならない骨の多い肉や魚を受けてはならない。(8)もしこれを受けた場合には、肉や魚を食べて、食べられない骨だけを捨てるのであった。(9)

それと同様に、原始仏教でも修行僧は一般に特別な場合以外には、肉や魚を食べることは許さ

れていた。すなわち三種浄肉[10]ならばさしつかえないというのである。三種浄肉とは、
(1)鳥獣や魚が、自分（修行僧自身）のために殺されるのを見たのではない。
(2)鳥獣や魚が、自分のために殺されたのだということを人から聞いたのではない。
(3)この鳥獣または魚が、自分のために殺されたのではないかという疑いがない。
以上の三種の条件を満たしている肉は、修行僧が食べてもよい。これに反していずれか一つの条件を欠いているならば、その肉は不浄肉であるから、食べてはならない、というのである[11]。

前述したように、原始仏教は、必ずしも肉食を禁じなかった。むしろ、心が浄らかになることを期待したのである。「なまぐさ[12]」ということを問題にしていう。

それと同時に、当時厳密な草食主義者のいたことも知られる。

「稷《きび》・ディングラカ[13]・チーナカ豆[14]・野菜[15]・球根・蔓《つる》の実を善き人々から正しいしかたで得て食べながら、欲を貪らず、偽りを語らない。

よく炊《かし》がれ、よく調理されて、他人から与えられた純粋で美味な米飯の食物を舌鼓《したつづみ》うって食べる人は、なまぐさを食うのである。カッサパ[16]よ。

梵天《ぼんてん》[17]の親族[18]（バラモン）であるあなたは、おいしく料理された鳥肉とともに米飯を味わって食べながら、しかも〈わたくしはなまぐさものを許さない〉と称している。カッサパよ、わたくしはあなたにこの意味を尋ねよう。あなたのいう〈なまぐさ〉とはどんなものなのか[19]」

これに対してカッサパ・ブッダは答えていう。

「生物《いきもの》を殺すこと、打ち、切断し、縛ること、盗むこと、嘘をつくこと、詐欺《さぎ》、だますこと、邪曲を学習すること、(20)他人の妻に接近すること――これがなまぐさである。肉食することが〈なまぐさい〉のではない(21)」

汚れた（なまぐさい āma-gandha）物を受けてはならぬ、ということをジャイナ教でも教えている。(22)それは恐らく施食として受けてはならぬという意味であろう。ただ「汚れた」（āma-gandha）という語の意味をジャイナ教では物理的生理的な意味に解していたのに、仏教では精神的な意味に解したのである。

「この世において欲望を制することなく、美味を貪り、不浄の（邪悪な）生活をまじえ、(23)虚無論をいだき、不正の行ないをなし、頑迷《がんめい》な人々――これがなまぐさである。肉食することが〈なまぐさい〉のではない。

粗暴・残酷であって、陰口を言い、友を裏切り、無慈悲で、きわめて傲慢《ごうまん》であり、ものおしみする性《たち》で、なんぴとにも与えない人々――これがなまぐさである。肉食することが〈なまぐさい〉のではない。

怒り、驕《おご》り、強情、反抗心、偽り、嫉妬、ほらを吹くこと、極端の高慢、不良の徒と交わること――これがなまぐさである。肉食することが〈なまぐさい〉のではない。

この世で、性質が悪く、借金を踏み倒し、密告をし、法廷で偽証し、(24)正義を装い、邪悪を犯す最も劣等な人々――これがなまぐさである。肉食することが〈なまぐさい〉のではない。

この世でほしいままに生きものを殺し、他人のものを奪って、かえってかれらを害しようとつとめ、たちが悪く、残酷で、[25]粗暴で無礼な人々――これがなまぐさである。肉食することが〈なまぐさい〉のではない。

これら〔生けるものども〕に対して貪り求め、敵対して殺し、つねに〔害を〕なすことにつとめる人々は、死んでからは暗黒に入り、頭を逆さまにして地獄に落ちる――これがなまぐさである。肉食することが〈なまぐさい〉のではない。（中略）

以上のことがらを尊き師[26]（カッサパ・ブッダ）はくりかえし説かれた。ヴェーダの呪文に通じた人[27]（バラモン）はそれを知った。なまぐさを離れて、何ものにもこだわることのない、跡を追いがたい聖者（ブッダ）は、種々の詩句をもってそれを説かれた。

目ざめた人（ブッダ）のみごとに説かれた――なまぐさを離れ一切の苦しみを除き去る――ことばを聞いて、〔そのバラモンは、〕謙虚なこころで、まったき人[28]（ブッダ）を礼拝し、即座に出家することを願った[29]」

肉を食わないという戒めは、五戒の時代に成立したのであるが、ところがまれに、後代に成立した経典においては、「肉をくらわず」ということが、第六の戒めとして五戒に付加されている。[30]ここだけ突然肉食の禁令が出てくるわけがよく解らない。後代のジャイナ教徒は世俗人でも絶対に肉食せず、また大乗仏教でも慈悲心のゆえに肉食を禁ずるようになるが、その先駆思想と見ることができるのであろうか。

「生きものを殺すなかれ」ということは、もしこれを厳密に実行するということになると、ジャイナ教徒のようにするのでなければ実行不可能である。そこで新羅の円光法師（七世紀）は、そ

れを、

「殺生するに択ぶことあり」

と改めた。具体的にいうと、

「六斎日と春・夏の月には殺さず。これは時を択ぶなり。使う〔家〕畜を殺さず。いわく、馬と牛と鶏と犬となり。細〔小〕なる〔生き〕物を殺さず。いわく、肉の、一臠《れん》にたらざるものなり。これは物を択ぶなり。これもまたただその用うる所、多く殺すことを求めず[31]」

臠《れん》とは「切り肉」「切り身」であり、大きく切ったものをいう。

（1） *Jātaka*, No. 316. vol. III, p. 55, l. 2.『ジャータカ全集』4、五三ページ。

（2） *Jātaka*, No. 315.『ジャータカ全集』4、五一ページ。

（3） 「牛を屠るの人」が「牛を殺害すること」がたとえば、『増一阿含経』巻二八（大正蔵、二巻七〇三上—中）に出ている。しかしこれに対応するパーリ文は見当たらないから、後代になってバラモン教の勢力が強くなってから、この問題が論議されたのであろう。

（4） maṃsāiya, skt. māṃsādika.

（5） macchāiya, skt. matsyādika.

（6） maṃsakhala, skt. māṃsakhala.

（7） macchakhala, skt. matsyakhala.（*Ay.* II, 1, 4, 1-2）

（8） *Ay.* II, 1, 10, 5.

（9） *Ay.* II, 1, 10, 6. 山田京「アーヤーランガ・スッタに現われるジャイナ沙門の生活——飲食物を中心として」（『干潟博士古稀記念論文集』一九六四年六月）一二六、一二九ページ参照。

（10） 「三種浄肉」trikoṭiśuddha-māṃsa（*Laṅkāvatāra*）.

（11）　*Vinaya*, Mahāvagga, VI, 31, 14.（vol. I, fp. 238).『十誦律』巻第二六（大正蔵、二三巻一九〇中）。『四分律』巻第四二（大正蔵、二二巻八七二中）。
また、肉食の問題は『十誦律』巻第二六（大正蔵、二三巻一八六上―一八七上）に論じられている。なお三種浄肉については、さらに *MN*. No. 55, Jīvakasuttanta（vol. I, p. 368f.）にも言及されているが、修行僧たちをもてなすために動物を殺すことは禁じられている。

（12）　なまぐさ――この教えは過去世にカッサパ仏（Kassapa 迦葉仏）がティッサ（Tissa）というバラモンに教えたことを記しているのだという（*Pj*.）。最初の三つの詩句が、ティッサのことばであり、中間の九つがカッサパ仏のことばであり、最後の二つの詩句は編纂者（結集者 saṅgītikāra）のことばである（*Pj*. I, 293）。

（13）　ディングラカ――diṅgulaka. ある植物の名。ただし若干の写本には ciṅgulaka となっており、またブッダゴーサ註には ciṅgūlaka となっている。

（14）　チーナカ――cīnaka. 野生の豆の一種である。

（15）　野菜――pattaphala. 註には野菜一般（yaṃ kiñci haritapaṇṇaṃ. *Pj*. p. 283）と解している。直接の語義は、「葉が実とみなされ得るもの」ということであろうか。

（16）　カッサパ――過去世においてカッサパ（Kassapa）仏が求道者（bodhisatta）であったときのことをいう。

（17）　梵天――brahman. 世界を創造した主神として当時の人々から尊崇されていた。

（18）　梵天の親族――「梵天の親族」（brahama-bandhu）といったわけは、「なんじはバラモンとしての徳を欠いていて、ただ生まれのみのバラモンである」といって嘲っているのである（*Pj*.）。

（19）　*Sn*. 239-241.

（20）　邪曲を学習すること――ajjhenakujjaṃ（＝niratthakānatthajanakagantha-pariyāpuṇanaṃ. *Pj*. p. 286）。無意義な、あるいは有害な書物に通達することである。

(21) *Sn.* 242.
(22) *Āy.* I, 2, 5, 2
(23) 不浄の（邪悪な）生活をまじえ——asudikamissitā（= nānappakāramicchājīvasaṃkhāta-asucibhāvamissitā. *Pj.* p. 286).
(24) 法廷で偽証し——vohārakuṭā (pl.).「法廷に立って、賄賂を受けとり、所有者を打ちまかそうとして、偽った証言をなすこと」と解せられている（dhammaṭṭhāne ṭhitālañcaṃ gahetvā sāmike parājentā kūṭena vohārena samannāgatattā..... *Pj.* p. 289)。
(25) 残酷で——luddā（= kurūrakammantā). 具体的には「魚を殺す人、獣を捕縛する人、鳥をとらえる人」をいう（*Pj.* p. 289)。
(26) 師——過去世の仏であったカッサパ仏をいう。
(27) ヴェーダの呪文に通じた人——manta-pāragū（cf. *Sn.* 997)。バラモンであるティッサをいう。
(28) まったき人——tathāgata.
(29) *Sn.* 243-248 ; 251-252.
(30)『般泥洹経』（大正蔵、一巻一八四上)。これの相当異訳（『長阿含経』第三巻、大正蔵、一巻一九中）では五戒だけになっている。
(31)『三国遺事』第四巻（大正蔵、四九巻一〇〇三上)、『海東高僧伝』第二巻（大正蔵、五〇巻一〇二一中)。

三　肉食の禁止

肉食の禁止を述べたものとして特に有名なのは、『ランカーヴァタータラ経』（『楞伽経《りょうがきょう》』。以下

『ランカーヴァターラ経』*The Laṅkāvatāra Sūtra*, Kyoto : Otani University Press, 1956 に従って引用）のうち第八章「肉食」の章である。そのうちでも韻文の部分は恐らく古くつくられたものであると考えられるから、まず詩句の部分を翻訳してみよう。

当時のインドには、肉食をしない人がいた。それにはわけがあるにちがいないから、その理由を説いて下さい、と『ランカーヴァターラ経』では釈尊に懇請する。

「さてそのとき、求道者で、偉大な人であるマハーマティは、〔以上のように〕もろもろの語句をもって尊師に問いおわって、つづいて、また尊師に〔次のように〕請うた。

尊師・如来・敬うべき人・正しくさとった人は、肉食における利点と罪過とをわたくしにお説きください。それによって、未来と現在の時に、わたくしと他の求道者・偉大な人たちとが、屍体を食する者どもの潜在的影響力によって影響された、肉食を貪り求めるところの、もろもろの衆生の、肉味に対する妄執を放棄させるために理法を説き、そうして屍体を食べるもろもろの衆生が肉味に対する妄執を除いて、法味の食を望み求めることによって、一切衆生に対して唯一人の子に対するような愛情をもち、相互に大いなる慈しみを体得するように、――そうして体得しおわってからは、一切の求道者の階梯においてなすべきことをなし終えて、すみやかに無上なる完全なさとりをさとるように――忠実なる教えの実践者の階梯、独りで修行してさとる人の階梯に休息して、〔次第に〕無上なる如来の境地に近づくことができるようにしたいものです。尊師よ、ともかくまず悪しく説かれた教えをたもつ異教の徒であるローカーヤタの見解に執著し、有とか無とかの一方的な主張、断滅や常恒の論をなす人々によっても、肉を食べることは禁止され、またみずから食するということはありません。いわんや、慈しみだけの本質となっていて、完全にさとったものである、絶妙なるあなたの教えにおいて、どうして、肉を食うことが禁止されないことがありましょうか。世間の主よ。ですから、さあ、一切世間を憐れむ者、一切衆生をただ独りの子に対するがごとくに平等に見る人、大悲を有する者である尊師は、哀れみによって、肉食における利点と欠点とを、わたくしにお説きください。——わたくしと他の求道者たちがもろもろの衆生に真実に即して理法を説くことができますように。

尊師はいわれた。『マハーマティよ。よく聞け。よく思念せよ。わたしは、そなたに説くであろう』と。

『よろしゅうございます。尊師よ』と、求道者にして偉大な人であるマハーマティは尊師に答えた(1)」

ここでは異教の徒であるローカーヤタ（順世派）でも肉食をしない人がいるという事実を伝えている。ローカーヤタとは普通は唯物論者のことをいうのである。

『ランカーヴァターラ経』の諸漢訳のうち、比較的にサンスクリット本に近い『大乗入楞伽経』断食肉品第八の文章を次に紹介しよう。

［制肉諸食分］

そのときに大慧《だいえ》菩薩摩訶薩《ぼさつまかさつ》は、また仏に申された、「世尊よ。願わくはわが為に食《じき》〔肉《にく》〕と(2)不《ふ》食肉《じきにく》との功徳《くどく》(3)と過失《かしつ》(4)とを説きたまえ。我およびもろもろの菩薩摩訶薩はその義《ぎ》を知りおわって未《み》来現在《らいげんざい》の報習《ほうじゅう》に熏《くん》ぜらるる(5)食肉の衆生《しゅじょう》(6)のためにこれを演説《えんぜつ》し、肉味《にくみ》を捨てて法味《ほうみ》(7)を求め、一切の衆生において大慈心《だいじしん》(8)を起こし、さらに相親愛《あいしんあい》(9)して一子のごとき想《おも》いをなし、菩薩地(10)に住《じゅう》して阿《あ》耨多羅三藐三菩提《のくたらさんみゃくさんぼだい》を得《え》せしめん。あるいは二乗《じょう》の地に暫時止息《ざんじしそく》(11)し、究竟《くきょう》してまさに無上正覚《むじょうしょうがく》を成《じょう》ずべし。世尊よ、路迦耶等《とう》(12)のもろもろの外道輩《げどうはい》の、有無《うむ》の見《けん》を起こして、断常《だんじょう》に執著《しゅうじゃく》するものすら、なお遮禁《しゃきん》(13)ありて食肉《じきにく》を聴《ゆる》さず。いかにいわんや如来応《おう》〔供《ぐ》〕正等覚《しょうとうがく》は、大悲《だいひ》もて含育(14)し、世の依怙《えこ》(15)するところとなりたもうもの、自他ともに肉を食うことを許したまわんや。善《よ》い哉《かな》、世尊は大慈悲《だいじひ》(16)を具《ぐ》して世間《せけん》を哀愍《あいみん》(17)し、等《ひと》しく衆生を観《み》たもうことなお一子のごとし。願わくは食肉《じきにく》の過悪《かあく》(18)と不食《ふじき》の功徳《くどく》(19)とを解説《げせつ》(20)し、我およびもろもろの菩薩らをして聞きおわって奉《ぶ》行《ぎょう》し、ひろく他《た》のために説かしめたまえ」

ここにはサンスクリット本には見当たらぬ注目すべき立言がある。ローカーヤタ（Lokāyata）すなわち合理主義的唯物論者たちでも肉食をしない人がいたというのである。あるいはローカーヤタとは世俗論者（順世派）という意味であると解するならば、世俗論者のうちにも生きものに対する同情心をもつ人がいたことを示すのかもしれない。今日でも、動物実験反対論者の立場は宗教とは無関係であるということを考えるならば、まんざら有り得ないことではないと思われる。

そのときに大慧菩薩が重ねて頌《じゅ》を説《と》いて申された、

「菩薩摩訶薩にして無上覚《むじょうかく》を志求《しぐ》するものは、酒肉《しゅにく》および葱《ねぎ》(21)を食うとなさんか、食わずとなさんか。

愚夫《ぐふ》を貪《むさぼ》って肉を嗜《たしな》み、臭穢《しゅうえ》(22)にして名称《みょうしょう》(23)なく、かの悪獣《あくじゅう》と同じ、〔仏道を学ぶものは〕いかんが、〔肉を〕食うべけんや」

「食《くら》えば何の過《とが》かあり、食《くら》わざれば何の〔功《く》〕徳《どく》かある。ただ願わくは最勝尊《さいしょうそん》よ、わがために具《つぶ》さに開演《かいえん》したまえ」

そのときに仏は、大慧菩薩摩訶薩に告《つ》げたまわく、

「大慧よ。諦聴《たいちょう》せよ、諦聴せよ。〔しかして〕善《よ》くこれを思念《しねん》(24)せよ、吾《われ》はまさになんじに分別し解説《げせつ》すべし。大慧よ。一切の諸肉《しょにく》は無量《むりょう》の縁《えん》あり。菩薩は〔その〕中《うち》においてまさに悲愍《ひみん》(25)を生ずべく、まさに噉食《かんじき》すべからず。我《われ》いまなんじがためにその少分《しょうぶん》(26)を説くべし。大慧よ、一切の衆生は、無始《むし》よりこのかた、生死《しょうじ》の中《うち》にありて輪廻《りんね》して息《や》まず、かつて父母兄弟男女眷属《ふぼけいていなんにょけんぞく》ないし朋友親愛侍使《ほうゆうしんあいじし》(27)となり、生《しょう》を易《か》えて鳥獣等の身を受けざるはなし。いかんぞ中《なか》においてこれを取って食《くら》わんや。大慧よ、菩薩摩訶薩はもろもろの衆生を観て己《おの》が身に同じゅうし、肉はみな有命《うみょう》(28)の中《うち》よりきたることを念《おも》う。いかんぞ〔これを〕食《くら》うに〔忍びんや〕。大慧よ。もろもろの羅刹《らせつ》等《ら》すら、わがこの説を聞いてなおまさに肉を断つ(29)。いわんや法を楽しむ人をや。大慧よ。菩薩摩訶薩は、在在処処《ざいざいしょしょ》(30)〔において〕、もろもろの衆生を観て、みなこれを親属(31)ないし慈念《じねん》(32)をもて一子のごとく〔に想う〕。このゆえにまさに一切の肉を食《くら》うべからず。……」

仏教が一般民衆のあいだにひろまったのは、『ジャータカ』のような過去世物語の力によることが大きかったが、『ランカーヴァターラ経』は、同様に前世物語によって肉食をやめさせよう

とした。

「マハーマティよ。かつて昔、過去世において、シンハ・サウダーサ（Simha-saudāsa）という王がいた。かれは肉食を摂取する過ちに誤まってしたがい、味にたいして極度に愛執し耽溺したために、人肉をさえも食った。そのゆえに、朋友・近侍・近親・親族のなかまからも捨てられた。まして町の人々、村の人々からも捨てられたことは、もちろんである。しかもかれは、自分の王位と国土とを捨てたことから、大いなる災難を招いた。それは肉〔食〕のゆえである。

マハーマティよ。インドラ（帝釈天）もまた、かつて神々に対する支配権を得たが、前世に肉食をした影響力（vāsanā）の過《とが》のゆえに鷹のすがたをとるにいたって（＝鷹の身となって生まれて）斑鳩《いかる》のすがたと形をよそおったヴィシヴァカルマン神（Viśvakarman）を襲った。〔そこでシヴィ王は、斑鳩とひとしい〕重さだけ、自分の身体〔の肉〕を〔切りとって鷹に〕供給した。罪のない生きものを哀れむシヴィ王は、大いなる苦痛を受けた。ゆえに、マハーマティよ。このように多くの生涯を経過したけれども、神々の王となったインドラ神（帝釈天）も、自分と他人の罪過をもたらしたのであった。いわんや、それ以外の者どもに〔罪過をもたらしたことは、もちろんである(33)〕」

「マハーマティよ。また他の王たりし者どもは馬に連れ去られ、曠野の中をさまよっていたが、生命の恐怖から牡獅子と淫事を行ない、生命の危険があったので、獅子との共住がつづいて、斑足（Kalmāṣapada）などの王子たちなるもろもろの子を生んだ。〔これらの王子たちは〕前世において肉食をした罪過の影響力によって、人王になっても、肉食をする者であった。

マハーマティよ。この世において、『七つの小屋がある村』においても、多くの肉を貪り食するならば、あまりに過失が多いから、その習慣をつづけるために、人肉を食う、恐ろしい男鬼(ḍāka)や女鬼(ḍākinī 荼枳尼天)となって生まれる。

マハーマティよ。かれらが生を変えるときには、このように肉の味に耽溺するので、獅子・虎・豹・狼・猫・豺《やまいぬ》・梟など、多くの肉を飽食する者の胎や、〔さらに〕恐ろしい羅刹鬼などの胎に堕されることになる。そこに堕した者どもは、人間の母胎に宿ることは困難である。ましてニルヴァーナが得られがたいのは、もちろんである。

マハーマティよ。以上のようなことが、肉食の罪過である。〔肉食に〕なじんでいる者どもには〔罪過〕が生ずるが、しかし反対の場合には多くの功徳が生ずることは、いうまでもない。ところが、マハーマティよ、もろもろの愚かな凡夫たちは、これらが功徳であり、それと異なった他のことがらが罪過であるということを理解していない。マハーマティよ。このような美徳と罪過とを見るがゆえに、慈悲を本性とする求道者は、すべて肉を食ってはならない、とわたくしは語るのである(34)」

その理由として挙げているところを見ると、一切の生きとし生けるものは、長い輪廻の過程において、互いに父母となり、兄弟姉妹ともなり、子ともなっている。一切の生きとし生けるものは、われらにとって近親である。だから、かれらを殺して食べてはいけないというのである。ここで、仏の語として、

「わたくしは一切の生きとし生けるものどもをただ一人の子のごとくに想う者であるのに、どう

して、自分の子の肉を食うことを、弟子たちに許すであろうか？」

というのが基本的精神である。

肉食を禁ずる理由を『ランカーヴァターラ経』では、また次のように述べている。

「尊師は、かれ（＝マハーマティ）に次のようにのたもうた。

『マハーマティよ。はかり知れない〔多くの〕理由によって、慈悲を本質とする求道者（bodhisattva）にとって、一切の肉は、食ってはならないもの（abhakṣya）である。しかしわたくしは、それらの理由のうちで論議だけ（upadeśamātra）を説くことにしよう。

マハーマティよ。この世ではこの長い時期にわたって迷って輪廻しつつある〈生命ある者〉（prāṇin）どものうちで、母ともならなかったし、父とも、兄弟とも、姉妹とも、子息とも、娘とも、それらのうちのいずれともならなかったような、あるいは身内、親族ともならなかった、得やすいすがたの生きもの（sattva）は、なにも存在しなかった。その親族や身内となった者が、他の生涯に身を転じて、鹿（野獣）、家畜、鳥の胎のうちに内在しているときに、一切の生類、生けるものとなって生じた肉が、どうして、一切の生きもの自体に近づこうと欲し、仏法（buddhadharma）を欲する求道者・立派な人によって食せられるべきであろうか[35]』」

ここでは輪廻説に従っているのであるが、ある場合には、自分の自己は一切の生きものの自己であるという一種のヴェーダーンタ哲学説らしいものを採用し、それに準拠している場合もある。

「また色をよりどころ（対象）として識別作用が起こり、その識別作用が原因となって味覚を生ぜしめるのであるから、この点からも一切の生きもののアートマンたるものであり、慈悲心(kṛpā) を自体とする求道者は、一切の肉を食してはならない[36]」

ある経典によると、如来蔵という哲学的理論的根拠にもとづいて、肉を食べてはならぬ、という行為的規定が出て来るのである。

「文殊師利は仏にもうしていわく、世尊よ、如来蔵によるがゆえに、諸仏は肉を食せざるや？仏いわく、かくのごとし。一切衆生は無始の生死に生まれ生まれて輪転し、父母兄弟姉妹に非ざるはなし。なお伎児（＝俳優）のごとく、変易し（＝すがたを変え）、無常なり。自からの肉も他の肉も、すなわち是れ一つの肉なり。このゆえに諸仏は悉く肉を食せず。

復た次に文殊師利よ。一切衆生の界（＝生存単位）はすなわちこれ一つの界なり。宅《お》るところの肉はすなわちこれ一つの肉なり。このゆえに諸仏は悉く肉を食わず[37]」

『ランカーヴァターラ経』では、ただ議論を述べているだけではない。人と人とのあいだの対立をなくすと、そこに慈悲の精神が具現され、その果ては「生き物を殺して食料にするのを止めよ」「食肉を禁ずる」という教えまでも説いた。

『ランカーヴァターラ経』のこの教えを聞いて一生断肉の誓いを立てる人々も後世に現われた。梁の武帝はその一人である。のちの仏教の発展に大きな影響を及ぼしたのである。

（1） *Laṅk.* p. 244, l. 1-p. 245, l. 7

（2） 食〔肉〕（『大乗入楞伽経』六巻、大正蔵、一六巻六二二下。*Laṅk.* p. 259, l. 6: cf. p. 244, l. 3)。

（3） 功徳　美点。長所（同右)。

（4）過失　欠点。あやまち（同右、六二三上。*Laṅk.* p. 244, l. 3)。
（5）報習所熏　報いとして悪影響を受ける（同右。*Laṅk.* p. 244, l. 5)。
（6）食肉衆生　肉食する人々（同右）。
（7）法味　仏法の味わい（同右。*Laṅk.* p. 244. l. 7)。
（8）大慈心　肉食している衆生でも大慈悲心を起こすことができる（同右／*Laṅk.* p. 244, l. 8)。
（9）親愛　愛情（同右）。
（10）菩薩地　求道者のもろもろの境地（同右。*Laṅk.* p. 244, l. 9)。
（11）止息　休息する（同右。*Laṅk.* p. 244, l. 11)。
（12）路迦耶　Lokāyata の音写　順世派。唯物論者（同右。*Laṅk.* p. 244, l. 12)。
（13）遮禁　禁止する（同右。*Laṅk.* p. 244, ll. 11-14)。
（14）大悲含育　大悲もて含み育てる（同右）。
（15）依怙　たよりとする人（同右）。
（16）慈悲　「具ニ大慈悲」。仏のことをいう（同右。*Laṅk.* p. 245, l. 2)。
（17）哀愍　「哀愍世間」（同右）。
（18）過悪　「亜」は姿の醜いこと。これに心を加えて、心ざまの悪きことをいう。「悪」は「アク」または「オ」と読む。心あって悪いのを「悪」、心なくして悪いのを「過」という（同右。*Laṅk.* p. 245, l. 3)。
（19）功徳　美点（同右）。
（20）解説　（同右。*Laṅk.* p. 245, l. 4)。
（21）葱　ねぎ（同右。*Laṅk.* p. 256, l. 7)。
（22）臭穢　（同右。*Laṅk.* p. 256, l. 9)。
（23）名称　「無名称」不名誉な（同右）。
（24）思念　注意する（同右。*Laṅk.* p. 245, l. 6)。

（25）悲愍　あわれみ（同右。*Laṅk.* p. 245, l. 9）。
（26）少分　ほんのわずか（同右）。
（27）侍使（同右。*Laṅk.* p. 245, l. 13）。
（28）有命　命あるもの。生きもの（同右。*Laṅk.* p. 245, l. 15）。
（29）断肉（同右。*Laṅk.* p. 246, l. 18-p. 247, l. 1）。
（30）在在処処　あちこちの生涯において（同右。六二三中。*Laṅk.* p. 246, l. 2）。
（31）親属（同右。*Laṅk.* p. 246, l. 2）。
（32）慈念（同右。*Laṅk.* p. 246, l. 4）。
（33）*Laṅk.* p. 250, l. 13f.
（34）*Laṅk.* p. 251, l. 12f.
（35）*Laṅk.* p. 245, l. 8f.
（36）*Laṅk.* p. 248, l. 15f.
（37）『央掘魔羅経』巻四、大正蔵、二巻五四〇下。

四　なぜ肉食をしてはいけないのか

日本と関係の深い『梵網経』においては、肉食の禁止を明言している。

「もし仏子、ゆえに肉を食せんや、一切の肉〔を〕食することを得ざれ。それ肉を食せば大慈悲の性種子を断じ、一切の衆生は〔見て〕捨て去らん。このゆえに一切の菩薩は一切衆生の肉を食することを得ず。肉を食せば無量の罪を得ん[1]」

では、なぜ肉食をしてはいけないのか、というと、それは慈悲心を害なうことになるからである。

「カーシャパ菩薩《ぼさつ》また仏《ほとけ》にもうしてもうさく、『世尊《せそん》、いかんが如来《にょらい》、肉《にく》を食《じき》するを聴《ゆる》したまわざる』

『善男子《ぜんなんし》よ。それ肉を食する者《もの》は、大慈《だいじ》の種《しゅ》を断《だん》ず(2)』」

「そうして天人（devatā）もまたそれ（＝肉食）を避けるから、慈悲（kṛpā）を自体とする求道者は、一切の肉を食べてはならない(3)」

悪鬼でさえも、仏の教えを聞くと、肉食をやめるにいたる。まして人間においては当然であろう。

「マハーマティよ。羅刹鬼でさえも、もろもろの如来のこの教えが良き理法にもとづいていることを聞いて、羅刹としての存在を離れ、わずかなりとも慈しみの心がある者となり、肉食をやめるにいたる。まして、法を求める人々は、なおさらである。マハーマティよ。このように、ともかく、それぞれの生存の生涯において、あらゆる生きものが身内・親族であるという思いをもち、一切の生けるものどもを、ただ一人の子であるという思いをいだくために、慈悲を本質とする求道者、立派な人は、どの肉をも食ってはならない(4)」

世間ではいろいろな食肉店があるが、そこで買って食べてもいけない。

「マハーマティよ。徳行ある求道者は、過失によってさえも、一切の肉を食べてはならない。マハーマティよ。犬と驢馬と馬と牛と人の肉などは、実に世の人々が食べてはならないものである。

ところが、マハーマティよ、露店の中では、それらの肉を、屠羊者たちが、『それらは食うべきである』といって、所得のために売っているから、ゆえに、求道者は、肉を食ってはならない(5)」

他の理由づけとして、肉は汚れたものであるということを主張する。

「マハーマティよ。また〔肉は、人間の〕精と血から生じたものであるから、求道者は、清浄を欲するがゆえに、肉を食してはならない(6)」

ただし、この見解に対しては、反論もなされている。

右の見解は、バーヴィヴェーカ（清弁《しょうべん》）の書にも見られるが、かれはこれに対して反論している。

「もしも、『肉は食されるべきではない。不浄なものであるから』というのであれば、〔われわれの〕身体もまた〔不浄であると〕考えられるべきである。種子（殻）の状態にあるものから養分をえているものであるがゆえに、ちょうど、不浄なる蛆虫のごとし(7)」

バーヴィヴェーカの本論における主張はチベット語に翻訳されてチベット仏教徒には知られたが、漢訳されることはなかった。六世紀における仏教徒の立場を伝えるものとして注目すべき個所と考える(8)。

散文の註解では評論していう、

「『肉は食せられるべきものではまさにない。排泄物（viṣ）のごとし(の)』と、もしいうのであれば我々のこの身体も〔同様に〕考えられるべきである。髪・爪・体毛・厚皮・薄皮・肉・筋・血・骨・髄・腎・心臓・〔肺泡・〕肝・脾・肺・腸・〔胃・〕大腸・小便・大便・涙・汗・脂・〔痰・〕

唾・膿・胆・涎・膏・黄水・垢・脳・脳膜・目垢・耳垢などの三十六不浄物(10)によって満たされた瘡門九穴(11)からは常に三十六不浄物に塗れた、血と膿汁の種子より生じたもの、すなわち不浄の汁によって養なわれた、大便と汚穢の液に浸潤された、胎の中から生じたこの〔人間の〕身体は、まさに不浄の中に住む蛆虫にも似てきわめて不浄なるものであるので、肉食をすることによってさらにいっそう不浄となる。そこで、これ（肉食）はなんとしてもよくないこととなる」

また以上と似た理由づけであるが、肉食すると身体から悪臭を放つという。

「聖者ならざる人がもつ悪臭は、悪い評判を招くものであるから、やはり、聖者に遠ざけられるから、求道者は肉を食べてはならない(12)」

「マハーマティよ。また〔肉は〕死屍のもつ悪臭が嫌悪感を起こさせるのと共通であるという点でも、求道者は肉を食してはならない。

マハーマティよ。実に、死んだ人の肉が焼かれるときと、その他の生きもの（prāṇin）の肉が焼かれるときと悪臭を放つ点では、いかなる相違も存在しない。両者の肉が焼かれるときには、悪臭はひとしい。それゆえにこの〔理由から〕も、清浄であることを欲するヨーガ行者である求道者は、一切の肉を食してはならない(13)」

また肉食は、プンと鼻につく口臭を起こさせるという。

「マハーマティよ。また、この世において、まずこの生涯には、かれの口はひどい悪臭があるから、慈悲を自体とする求道者は、一切の肉を食べてはならない(14)」

肉食する者は、特有の臭いをもっている。生きとし生ける者どもは、その臭いを感じとって、自分たちも殺されるのではないか、と思って恐怖心を起こす。恐怖心を起こさせるということは罪悪である。

「迦葉《かしょう》よ。その肉を食《じき》する者を、もしくは行《ぎょう》にあれ、もしくは住《じゅう》にあれ、もしくは坐《ざ》にあれ、もしくは臥《が》にあれ、一切の衆生は、その肉気《にくけ》を聞《か》ぎて、悉《ことごと》く恐怖《くふ》を生《しょう》ず。譬《たと》えば人有りて師子《しし》に近づき已《おわ》るに、衆人《しゅにん》これを見、師子の臭《におい》を聞《か》ぎて、また恐怖を生ずるがごとし。善男子《ぜんなんし》よ。人蒜《にんにく》を噉《くら》えば、臭穢《しゅえ》悪《にく》むべきがごとし。余人《よにん》これを見、臭を聞ぎて捨て去る。たとい遠《とお》く見る者も、なお視《み》ることを欲《ほっ》せず。いわんやまさにこれに近づくべきや。もろもろの肉を食《じき》する者も、またまた是《かく》のごとし。一切の衆生は、その肉気を聞ぎ、悉く皆恐怖して死を畏るるの想《そう》を生ず。水《すい》・陸《ろく》・空行《くうぎょう》の有命《うみょう》の類、悉くこれを捨てて走り、咸《ことごと》くこの人は、これ我等《われら》の怨《あだ》なりと言う。これのゆえに菩薩は食肉《じきにく》を習わず（＝常習としない）[15]」

肉の味はおいしいから、つい食べすぎることになる。そこで病気の原因となる、という。

「食物に関しては〔適当な〕量を知らない。食ったものと飲んだものと、咀嚼したもの咀嚼しなかったものについての、正しい味と消化と成長などを正しく具現することがない。多くの虫けらと生きものの病いの原因である源となり、病気が多くなり、反対の想いを得ることがない。

『〔肉〕食は、子の肉や薬のごとし』とわたくしが説いたとき、マハーマティよ、わたくしは、聖ならざる人々に奉仕し、聖者なる人々からは離れ、このようにして、いとも多数なる欠点〔罪悪〕をもたらし、多数の美徳から離れ、仙人ならざる人の食物として定められた、不適当な〔不浄な〕肉と血の食物を弟子たちにゆるして承認するということを、どうしてわたくしがなすであ

ろうか」(16)

総じて当時の大乗経典は、肉食は美味を貪るぜいたくな食事だと考えていたようである。『大雲経』は『大方等無想経』のうちに部分として含まれているが、末世には僧侶が堕落するということを述べているところで、かれらが財宝を蓄積しているありさまを述べ、「肉を食し味を嗜み、諸仏の成就せる十六の不善の律儀を背捨し、国王大臣長者に親近し……」という。(17)

肉食は修行の邪魔になると言われている。

「マハーマティよ。葬《ほうむ》りの地に住する者たちにとって、また〔家を出て〕森林の住所や非人（人間でないもの、鬼神など）の住所や辺境の地や、坐所に住して慈心（maitrī）に専心するヨーガ行者（yogin）・ヨーガ実践者（yogācāra）たちにとって、また密呪を持《たも》つ者（vidyādhara）たちにとって、また密呪を完成しようと欲する者たちにとって、密呪を実践することと解脱との障礙をつくり出すものであるから、大乗におもむいた善男子・善女人たちにとって、〔肉食は〕一切のヨーガの実践に障礙をなすものである、と観察しつつある人々にとっても、マハーマティよ、自分と他人の利益を欲する求道者は、一切の肉を食べてはならない」(18)

しかし、なぜ修行の邪魔になるのか、そのわけは明示されていない。

だが、断肉ということが、修行者の呪力をたもつゆえんであると考えられていたらしい。

修行の妨げになるから、という理由づけのうち、隠れてはいるが最も重要なものは、肉やにんにく、ねぎなどを食べると修行者が精がつき過ぎて困る、ということであったらしい。肉食をすると、欲望がたぎるようになるというのである。

これに対応した議論は、バーヴィヴェーカとかれの反対論者とのあいだでも交されている。反対論者はいう――「肉は食されるべきではない。〔肉食は〕貪欲などを生じさせるものであって、肉を食べるならば精力が生じ、精力から貪欲が生じるがゆえに」と。

ここで貪欲(rāga)とは、インド一般に特に色欲を意味する場合が多い。漢訳では「愛染」「淫欲」などと訳されることもある。

肉食をすると、性的な意味での精力(色力)がつく、という主張は、漢訳ではいっそうはっきりと明示されている。(19)

この主張に対してバーヴィヴェーカは次のように答える。

「貪欲(rāga)は妄想から生じるもの(saṃkalpa-ja)であるから、肉食がその原因ではない。(20)肉食しないでも、貪欲が生じるがゆえに。草食である牡牛に〔色欲がある〕ようなものである」と。

妄想が貪欲の根本をなすものである。牡牛や兎は草を食べているが、かれらはいつも貪欲の心に悩まされている。(21)

この対論は現代でも交されているものである。ある日、テレビで、肉食論者の男性が言った。――「生きているあいだは、大いに肉食をして精力をつけて、セックスを楽しみましょうよ」と。

それに対して菜食論者の一婦人が反論した。――「菜食をしていたからといって、決してセックスの力は弱まりませんよ」と。

ただここに大きな相違のあることを見逃してはならない。中世的思想にもとづくバーヴァヴィヴェーカおよびその反対論者は、性の言葉に対して否定的態度をとっている。ところが現代人である対論者たちは、どこまでも肯定的態度をとっている。

『ランカーヴァタ―ラ経』のうちに、肉食は煩悩を増大し、解脱の妨げになるという。この経の立場は、恐らく煩悩即菩提という大乗仏教の立場と矛盾しているのであろう。むしろ煩悩を制する必要があると考えていたのであろう。

ある場合には、肉食していると精神的な安定が得られない。悪夢を見たり、恐怖に襲われるという。

「〔肉食する人は〕眠っても苦しく、目が覚めても苦しい。そうして毛が逆立つような悪い夢を見る」[22]

（1）『梵網経』巻下、大正蔵、二四巻一〇〇五中。
（2）『大般涅槃経』（北本）巻四、如来性品第四之一、大正蔵、一二巻三八六上。なお、『大般涅槃経』（南本）巻四、四相品第七之一、大正蔵、一二巻六二六上参照。
（3）*Laṅk.* p. 248, l. 16.
（4）*Laṅk.* p. 245, l. 17-p. 246, l. 4.
（5）*Laṅk.* p. 246, l. 4.
（6）*Laṅk.* p. 246, l. 10.

(7) *Mhṛ*. IX, 134. *Mhṛ* は *Madhyamaka-Hṛdaya-Kārikā* の略である。なおその翻訳および解釈については、川崎信定氏の論文（雑誌『東方』財団法人東方研究会刊、第一号）に従った点が多い。

(8) テキストは、北京版西蔵大蔵経 No. 5256, Vol. 96, p. 142-144 (dza351b^{7}-354b^{4})；デルゲ版チベット大蔵経No. 3856, 中観部Vol. 3, p. 155-156 (dza309a^{1}-311a^{4}). 『中観心論』のサンスクリット頌はR. Sāṅkṛityāyana 師請来の筆写テキストをV. V. Gokhale 博士の御好意により依用させていただいた（川崎氏論文）。

(9) 肉及び我々の身体を不浄からなるとする見方については――「観肉所従来。出処最不浄。膿血和雑生。尿屎膿涕合。修行浄行者。当観不応食」『入楞伽経』八（大正蔵、一六巻五六四中）。“svājanīyād vyabhicārāc ca śukra-śoṇita-saṃbhavāt. udvejanīyaṃ bhūtānāṃ yogī māṃsaṃ vivarjayet”, *Laṅk. p.* 256, v. 104. 北京版 172a^{1}；「大慧。一切諸肉皆是精血汚穢所成。求清浄人云何取食」『大乗入楞伽経』六（大正蔵、一六巻六二三中）。北京版 vol. 29, 168a^{6}. “ṛṣi-bhojanâhāro hi mahāmate ārya-jano na māṃsarudhirâhāraḥ, ity ato'pi bodhisattvasya māṃsam abhakṣyam”, *Laṅk*. p. 247 ; v. 101. cf. *Śikṣ*., pp. 132-133.

(10) 三十六不浄物について、(1) *skra, Mvyut*. No. 3938, keśa 髪；(2) sen mo, *Mvyut*. No. 3986, nakha 指甲；(3) ba spu, *Mvyut*. No. 4052, roma 毛?· cf. No. 4051；(4) pags pa, *Mvyut*. No. 4031, tvak 皮；(5) phyi shum, 表皮?·；(6) sha, *Mvyut*. No. 4029, māṃsa 肉；(7) rgyus pa 筋；(8) khrag, *Mvyut*. No. 4033, rudhira 血；(9) rus pa, *Mvyut*. No. 4032, asthi 骨；(10) rkang, *Mvyut*. No. 4034, majjā 骨髄；(11) mkhal ma, *Mvyut*. No. 4023, vṛkkā 腎；(12) snying, *Mvyut*. No. 3963, hṛdaya 心；(13) glo sral 肺?·；(14) mchin pa, *Mvyut*. No. 4021, plīha 肝；(15) mcher pa, *Mvyut*. No. 4020, yakṛt 脾；(16) glo pa, *Mvyut*. No. 4018, klomaka, No. 4019, phupphusa 肺；(17) rgyu ma, *Mvyut*. No. 4024, antra 腸；(18) bzhag 胃?·；(19) long ka, *Mvyut*. No. 4027, pakvāśaya, 大腸；(20) gcin, *Mvyut*. No. 4063, mūtra 小便；(21) phyi sa, *Mvyut*. No. 4064, gūtha 大便；(22) mchi ma, *Mvyut*. No. 4048, aśru 涙；(23) rngul, *Mvyut*. No. 4055, sveda 汗；(24) tshil, *Mvyut*. No. 4040, meda

脂；㉕ lud pa, *Mvyut.* No. 9504, kāsa 咳嗽？；㉖ mchil ma, *Mvyut.* No. 4043, kheṭa 唾；㉗ rmag, *Mvyut.* No. 4041, pūya 膿；㉘ mkhris pa, *Mvyut.* No. 4022, pitta 胆；㉙ mchil snabs, *Mvyut.* No. 4042, śiṅghāṇaka 涎；㉚ shag, *Mvyut.* No. 4039, vasā 膏；㉛ chu ser, *Mvyut.* No. 4047, lasīkā 黄水；㉜ dri ma, *Mvyut.* No. 4060, mala 垢；㉝ glad pa, *Mvyut.* No. 3935, mastaka 脳；㉞ glad rgyas, *Mvyut.* No. 3936, mastaka-luṅga 脳膜；㉟ mig rnag, *Mvyut.* No. 4049, cakṣur-mala 目垢；㊱ rna lpag, *Mvyut.* No. 4053, karṇa-mala 耳垢

三十六種不浄物には、『雑阿含経』四三、『大品般若経』第五等に諸説あるが不同である。

(11)　「閉戸及稠胞。穢業種種生。業風増四大。出生如果熟。五与五及五。瘡竅有九種。爪甲歯毛具。満足即便生。初生猶糞虫。亦如人睡覚」『大乗入楞伽経』巻六（大正蔵、一六巻六二七下）；cf.（大正蔵、一六巻五六九上参照）。
"peśī-ghanârbudaṃ piṭakam aśubhaṃ karmacitritam, karma-vāyu-mahābhūtaiḥ phalavat saṃprapadyate (*Sagāthakam*, 158) pañca-pañcakapañcaîva vraṇāś caîva navaîva tu, nakha-daṇṭaroma-saṃchannaḥ sphuramāṇaḥ prajāyate (*Sagāthakam*, 159)", *Laṅk.* p. 285；v. 117-118.

(12)　*Laṅk.* p. 247, l. 4.

(13)　*Laṅk.* p. 248, l. 3.

(14)　*Laṅk.* p. 249, l. 1.

(15)　『大般涅槃経』四相品第七之上（大正蔵、一二巻六二六上―中）。

(16)　*Laṅk.* p. 249, l. 7f.

(17)　大正蔵、一二巻一〇九九中。

(18)　*Laṅk.* p. 248, l. 8f.

(19)　「復次大慧。食肉能起色力。食味人多貪著。応当諦観」『入楞伽経』巻八（大正蔵、一六巻五六二下）。
「肉食長身力。由力生邪念。邪念生貪欲。故不聴食肉。由食肉生貪。貪心到迷酔。迷酔長愛欲。不解脱生

死」同（大正蔵、一六巻五六四中）。"āhārāj jāyate darpaḥ saṃkalpo darpa-saṃbhavaḥ, saṃkalpa-janito rāgas tasmād api na bhakṣayet. saṃkalpāj jāyate rāgaś cittaṃ rāgeṇa muhyate, mūḍhasya saṃgatir bhavati jāyate na ca mucyate" *Laṅk.* p. 257 ; V. 104.

（20） saṃkalpa-jatvād rāgasya na hetuḥ [te māṅsabhakṣaṇam].
〔tad-〕 vinâpi tad-utpatter gavām iva tṛṇāśinām (*Mhr.* IX, 138).

（21） 「如牛噉草蜣蜋逐糞不知飽足」『入楞伽経』巻八（大正蔵、一六巻五六一下）。

（22） *Laṅk.* p. 249, l. 3.

五　屠殺の問題

とくに食肉処理業者は、生きものたちに恐怖心を起こさせるから、修行者はかれらに近づいてはならぬという。

「マハーマティよ。またもろもろの生きものに恐怖を起こさせるから、慈悲心（maitrī）を欲するヨーガ行者である求道者は、いかなる肉をも食べてはならない。例えば、マハーマティよ、もろもろの犬は、屠殺者（domba）とチャーンダーラ（cāṇḍāla）と漁師（kaivarta）など肉食する人々（piśitāśin）を遠方から見て、恐怖におびえ、『人々が自分を殺すであろう』と思って、恐怖のゆえに、ある者どもは死に至る。それと同様に、マハーマティよ、虚空と大地と水中に棲む他の微細な生きものどもも、肉食する人々（māṃsāśin）を遠くから見るがゆえに、鋭い嗅覚によって臭いを嗅いで『羅刹鬼に属するかのごとき人間が急速に近づいて来る』〔と知って〕、ある者どもは『〔自分たちは〕死ぬのではないか』という疑いをもつようになる。それゆえに、マハーマティよ、〔生きものに〕恐怖を起こさせるから、大悲に住するヨーガ行者（maitrī-vihārin yogin）は肉を食べてはならない」[1]

この文章だけから見ると、

(1) 肉食の禁令は、修行者についてだけ述べられているようである。

(2) 食肉処理業が成立するのは、世間に肉食する人たちがいるからであるとして、世間の肉食者たちに責任があることを認めている。

ここに挙げた(2)の点は『ランカーヴァターラ経』の特に強調する点である。従前の伝統的保守的仏教（いわゆる小乗）は、この点を看過していた。

この議論は、バーヴィヴェーカの『中観心論』のうちの反対論者の主張（pūrvapakṣa）のうちに反映している。

「肉を食する者が存在しなければ、殺生をなす者も存在しなくなる。そこで、生命を奪う人とはまさに食する人のことにほかならない。〔猟師が殺生をするのは〕日々の糧を得る原因となっているのであるから。肉のために殺生におちいるようなものである」[2]

だから肉食をするというのは、生きものを殺すのと「同罪」[3]なのである。

この論難に対してバーヴィヴェーカは反論する――もしもそういう議論が成立するならば、皮衣を着る聖者たち（ajirādi-dhara, pl.）も、自分では獣たちを殺さないけれども、他の人々が羊などを殺して皮衣をつくってくれるその恩恵に浴しているのだから、聖者たちも殺生していると

いうことになってしまう。それと同じことで肉食したからといって殺生したことにはならない、というのである。(4)

しかしこの議論は誤っている。この議論は「皮衣を着たり、虎の皮の上に坐しているヒンドゥー教の聖者たちは、神聖であり、罪を犯しているはずはない。だからかれらは殺生の罪を犯しているはずはない」ということを、大前提として承認しているのである。バーヴィヴェーカの論敵であるミーマーンサー学派としてはこの前提を承認せねばならないが、ヒンドゥー教徒でない人々にとっては、この前提は承認されがたい。バーヴィヴェーカとしては、論敵に対する一種の帰謬論法（prasaṅga）を展開したつもりなのであろうが、相手の立論に誤謬があるとしても、自分の立場が正しいということにはならないはずである。

さらにまたバーヴィヴェーカは、たとい肉食しても、食べているときには生物に苦痛を与えているのではないから、罪にはならないという。

「肉を食することは、罪悪であることではない。その〔食している〕時に生物に苦痛を与えているのではないからである。真珠、孔雀の尾羽根など〔を得ても、子安貝や孔雀に苦痛を与えているのではないし、また〕米穀や水を享受しても〔苦痛を与えるのではない〕ようなものである」(5)

またかれは別の議論を述べている。

「肉食をしても罪にはならない。もしもそれが罪悪であるとすると、死んだ屍体を焼くことも、罪悪であるということになるであろう」と。(6)

ところが『アングリマーラ経』にはこれと正反対の見解が述べられている。もしもひとりでに死んだ牛の皮を、その牛の所有者が革職人に与えてくつを作らせて仏教の修行僧に布施しようとするときに、受けたならば破戒になるという(7)。

また若干の人々は、このように考えていた。――貝殻や蜜や、皮革や、絹織物などは、生きもの自身の身体的存在に属する肉ではない。だからそれらを享受し用いることは差し支えないのではないか、と。

しかし『アングリマーラ経』はこのような見解をも否定している(8)。

『ランカーヴァターラ経』では、殺生によって利益を得ることも非難されている。

「儲けのために生き物が殺され、肉を得るために代価が与えられる。それらは、二つながら罪業(pāpakarman)であり、叫喚地獄などで〔それらの罪業の〕報いを受ける(9)」

二つ悪いことをしたことになるという議論は『中観心論註』のうちにも述べられている。

「作衣〔のため皮が必要との〕ふりをして、〔実際は肉食の〕食事の行為をなすこともまた正しくない。なぜなら過悪は二つ生じるが、食しないものにはそうではないのである」

「マハーマティよ。もしもだれも、いかなるしかたでも決して肉を食わないならば、その肉のゆえに〔命あるものを〕殺すということは決してないであろう。マハーマティよ。実に、多くの場合には、収益を得るために罪のない生きものたちが殺されるのである。他の理由のゆえに〔生きものたちが〕殺されることは、極めて少ない。ああ、マハーマティよ、もろもろの人々は、味に対する愛執にあまりにもなじんでいるので、人肉をさえも食らう。他の野獣・鳥など生きものからとれる肉は、もちろんのことである。マハーマティよ。多くの場合には、肉の味に対する愛執に悩まされている愚人たちによって、種々の網《あみ》や機具が設けられ、かれら鳥捕り、屠羊者、漁人などの〔愚人たち〕は、空を行き、地を行き、水中を動く、罪のない生き者たちを、種々のしかたで、収益のために殺している。マハーマティよ。暴悪な心をいだき、悪鬼となった羅刹のごときこれらの人々は、愍《あわ》れみの心のないものとなり、いつであろうとも、生きものに対して生きものであると意識して、殺害し、食しつつあるので、愍れみの心は起こらない(10)」

「また、多くの人々の心を護るがゆえに、〔仏の〕教えに対する誹謗を除去することを望むから、慈悲(kṛpā)を本質とする求道者は肉を食べてはならない。たとえば、マハーマティよ、世間には〔ブッダの〕教説にたいする誹謗を〔次のように〕語る者がいる。――かれらには修行者としての境地(śrāmaṇya)があるのか? あるいは、かれらにはバラモンたる境地(brāhmaṇya)がどうして有り得ようか? かれらは昔の仙人の食事を捨てて、もろもろの食肉鬼のように、肉を食物とし、腹を満たして、虚空と大地と水中に棲息している微細な生きものどもをおびえさせつつ、脅かし、この世界に遍ねく徘徊しているから、かれらの修行者たる境地は害われ、かれらのバラモンたる境地は破壊されている。かれらに法は存在しないし、律は存在しない。それで幾多のしかたで心が破壊されたままで〔ブッダの〕教えを誹謗する。それゆえに、多くの人々の心を護るために、教説にたいする誹謗を除去しようと望む求道者は、慈悲を本質としているのであるから、一切の肉を食してはならない[11]」

この文章から見ると、当時肉食の禁止が、一種の善風良俗として、教養ある社会層に行きわたっていたことが知られる。

（1）*Laṅk.* p. 246, l. 11.

（2）*Tj.* ad. IX, 136.

（3）「大慧。凡殺生者多為入食。人若不食亦無殺事。是故食肉与殺同罪」『大乗入楞伽経』（大正蔵、一六巻六二四上、北京版 Vol. 29, 170b$^{3-4}$. b, c）。菩提流支訳と実叉難陀訳にない。梵文は対応しない。cf. mūlya-hetor hi mahāmate prāyaḥ prāṇino niraparādhino vadhyante svalpād anya-hetoḥ, *Laṅk.* p. 253, v. 103.

（4）*Mhr.* IX, 136. 原文及び註釈文は次のようになっている。

māṃsâdaḥ prāṇi-ghātī cet tan-nimittatvato mataḥ.
ajinâdi-dharai〔r〕hetoḥ syād evaṃ vyabhicāritā. *Mhr.* IX, 136.

「肉を喰べることが殺生をなすことになる。——その〔殺生の〕原因となるものであるから——と考えるのであれば、皮衣を着る〔聖者の存在〕によって、このように因は不確定となろう。

皮衣等を着る苦行者が存在しなければ、鹿（śarabha 六足獣）等を殺すこともなくなるであろう。そこで、これが原因となるがゆえに（tan-nimittatvataḥ）、肉のために殺生に入るものと同様に、肉を食するものは殺生者に他ならないのではないか。あるいはまた、これが原因となるがゆえに(tan-nimittatvataḥ)毛皮等を獲つつあるものは、〔結果はともかくとして〕殺生者ではないことにならないか。というので理由概念は不確定因となる。理由だけで考慮するとなると、他にも誤りは多数起ることになる」（川崎信定氏論文、一七八ページ）。

（5）na māṃsa-bhakṣaṇaṃ duṣṭaṃ tadānīṃ prāṇyaduḥkhanāt,

muktā-barhi-kalāpādi taṇḍūlāmbūpayogavat. *Mhṛ*. IX, 137.

（6） *Tj*. ad. IX, 137.

（7） 皮を利用するものと屠殺者との関係について *Mhṛ* とまったく反対の趣旨が『央掘魔羅経』巻四に説かれている。「文殊師利白仏言。今城中有一皮師能作革屣。有人買施。是展転来仏当受不。復次世尊。若自死牛牛主従旃陀羅取皮。持付皮師使作革屣施持戒人。此展転来可習近不。仏告文殊師利。若自死牛牛主持皮用作革屣施持戒人。為応受不。若不受者是比丘法。若受者非悲然不破戒（ma blangs na dge slong dang 'thun nam snying rje med pa yin te/tshul khrims ral bar mi 'gyur ba ma yin no）」（大正蔵、二巻五四一上。北京版、Vol. 34, p. 336, 205a[1-2]．（川崎氏論文）。

（8） 珂貝・皮革等も間接的殺生となるとして肯受しない立場については、「文殊師利白仏言。世尊。珂貝蠟蜜皮革絵綿。非自界肉耶。仏告文殊師利。勿作是語。如来遠離一切世間。如来不食」『央掘魔羅経』巻四（大正蔵、二巻五四〇下―五四一上。北京版、Vol. 34, p. 336, 204b[4].）。

（9） *Laṅk*. p. 257.

（10） *Laṅk*. p. 252, l. 16.

（11） *Laṅk*. p. 247, l. 8.

六　魚肉などを食べてよいか

魚肉を食してよいかどうかということについては、バーヴィヴェーカの時代に見解の相違があった。かれはこの点については厳しい態度をとっていなかった。かれは、次のように論ずる。

「また、『善良な人々によってすでに主張されていることであるが、魚は食せられるべきではない。精液と血より生じたものであるがゆえに。牡牛やロバの肉のごとし』と、もし主張されるのであれば、これに対して以下のごとくいわれるべきである。――精液等から生じたものであるがゆえに、魚肉等〔を食すること〕は誹謗されるべきであるというのであれば、これ（魚肉）は酥・乳糜等のごとく〔食べられてよいともいえる〕。このようにして、因が不確定ということになる(1)」

「精液と血から生じたものであるがゆえに牡牛等のごとくに魚肉等もまた食べられるべきではないというのか、あるいはまた、精液と血とから生じたものであるがゆえに酥・乳糜等のごとくまさに食べられるべきであるというのか、疑わしいので、〔この場合の理由概念が〕不確定因となっている(2)」

「肉は不浄なものであるから食べてはいけない」という見解が、恐らく当時のヨーガ行者たちのあいだで行われていたので、その見解がここに反映していると考えられる。しかしそこから導き出される見解は正反対であった。

『ランカーヴァターラ経』では、「だから肉を食べてはいけない」という趣旨であるのに対し、バーヴィヴェーカの場合には、そのような議論を主張すると、「身体も不浄である」ということになり、身体の意義を認めないことになるから、そのような議論は成立し得ない、ということになる。

魚肉を食することなどについても同様の議論が成立し得る(3)。

『ランカーヴァターラ経』はまた、次のように言う。

「種々の肉と葱と酒と韮と蒜とを、ヨーガ行者はつねに離れ、遠ざけるべきである。
油を〔身体に〕塗ることをやめよ。〔生き物を近づけないように〕鋭い棘で貫かれたベッドで眠ってはならない。孔の中に住んでいる生きもののために大きな恐怖をひき起こすからである」(4)

「鋭い棘で貫かれたベッドで眠ってはならない」というのは、今日にいたるまで一部のヨーガ行者の行なっていた苦行を斥けているのであろう。そうだとすると、この経典はいわゆるヨーガ行者の修行に対しても批判的態度をとっていたということが言えるであろう。

肉食は人間の貪婪な、たぎる欲望と結びついている。

「〔肉〕食から奢りが生じ、奢りから物を求める意欲ある思惟が生じる。貪欲はその思惟から生じたものである。その理由からもまた、〔肉を〕食うべきではない。

物を求める意欲ある思惟から貪欲が生じ、心は貪欲によって迷わされる。迷った人には絆にほだされることがある。そこで人は生まれるが、解脱することはない」(5)

(1) śukâdi-sambhav〔ād eva matsyamānsaṃ vigarhitam〕
tam ghṛta-kṣīrâdir hetoḥ syād evaṃ vyabhicāritā. *Mhr*. IX, 135.
(2) 川崎信定前掲論文による。
(3) *Mhr*. IX, 135.
(4) *Laṅk*. p. 256f., vv. 5-6.
(5) *Laṅk*. p. 257, vv. 7-8.

七　なにを食べればよいか

では、どういう食物を摂取したらよいのであるか？

「マハーマティよ。わたくしはまた、すべての聖なる人（āryajana 立派な人）に用いられ、聖ならざる人に遠ざけられ、多くの功徳をもたらし、多くの罪過を離れ、過去のすべての仙人によって定められた食物を許した。すなわち、〔わたしは〕米（śāli）、大麦（yava）、小麦（godhūma）、緑豆（mudga）、豆（māṣa）、小豆（masūra）など、および、酪（sarpis）、胡麻の油（taila）、蜜（madhu）、粗糖（phāṇita）、黒糖（guḍa）、蜜糖（khaṇḍa）、糖汁（matsyaṇḍika）などにおいて調理された食物を適当（kalpya 浄。ゆるされる）なものであるとしたのである(1)」

ところが末世になると、理想的な食事が行なわれなくなったということを、『ランカーヴァターラ経』は嘆いている。

「しかし、マハーマティよ、末世の世において、種々に律（vinaya）を分別し論議し、食肉鬼（kravyāda）の種族の影響を受けて、味に対する耽著にとらわれた、ある種の愚迷の人々によって、このみごとな食物が規定された〔食物〕としては説かれない(2)」

そこで経典は、簡単な生活に帰れ、ということを人々に勧める。

「しかしマハーマティよ。過去の勝者（jina＝仏）たちに供養して善根を植えた、信仰心あり、〔理論で〕分別をしない、釈迦族に属する多くの立派な男子および女子たちにとって、すなわち身体と生命と財物に執著せず、味を貪り嗜むことなく、貪り求めることなく、慈悲心あり、一切の生きとし生ける者どもの本体たるものに近づこうと欲し、一切の生きとし生ける者どもを〔自分の〕ただ一人の子のごとくに見なして愛情を示す求道者たち・立派な人々にとって、〔以上に示したものは規定の食物である〕と、わたくしは語る」(3)

ところが、ここに一つの大きな問題が残る。伝統的保守的仏教（いわゆる小乗）では、特別の場合には、肉食を許されていた。それはまた歴史的人物としてのゴータマ・ブッダ（釈尊）の認めたところであったと考えられる。

『四分律』には、

「三種の浄肉あり、まさに食すべし。もしことさらに見ず、ことさらに聞かず、ことさらに疑わざるものは、まさに食すべし」

という。「ことさらに」という言葉の意味がはっきりしないが、自分が意識し意欲して、という意味であろう。

それなのに、なぜ大乗仏教になって禁止したのであるか？

この問題に関する葛藤が経典自体のうちに反映している。

原始仏教では三種類の肉を食うことは許されていたにもかかわらず、『ランカーヴァターラ経』ではそれを全面的に禁止している。

「自分が殺そうと考えて殺したのではない生き物（akalpita）の肉、他人から乞われて殺したのではない生き物（ayācita）の肉、自分が他人をして殺すようにさせたのではない生き物

（acodita）の肉、という三種の制限のついた浄肉（śuddhamāṃsa）は〔食べても差し支えないと言われているが〕、実はそのような三種の浄肉なるものは存在しない。それゆえに肉を食うてはならない」

　自分が食する肉は、たとい自分が手を下さないでも、とどのつまりは自分が殺したことになり、自分の責任を免れることはできない、ということを主張するのである。

「〔肉を食うことは、〕諸仏ともろもろの求道者（菩薩）と自己の完成をめざす出家修行僧（śrāvaka）たちによって禁じられている。もしも恥じることがないためにこれを食うならば、つねに狂乱した者として生まれてくる。

　しかし肉食などを遠ざけ離れるならば、智慧ある者、財ある者として、バラモンたち、あるいはヨーガ行者たちの家に生まれるであろう。

　生きものが殺されるのを見た場合（dṛṣṭa）、生きものが自分たちのために殺されたということを聞いた場合（śruta）、また生きものが自分のために殺されたのではないかという疑いの起こる場合（viśaṅkā）のいずれについてでも、〔この三種の場合には戒律書の中で肉食が禁じられ、それ以外の場合には許されていたが、しかし本当は〕一切の肉食を遠ざけ離れるべきである[4]」

　ここでは原始仏教の承認していた三種類の肉食をすべて否定しているのである。

「ところが食肉鬼の種族に生まれる理論家たちは〔この道理に〕気がつかない[5]」

　ここで「理論家」（tārkika）を非難しているのは、理論家と呼ばれるような人々は、感覚で知覚され得ること、さらにそれに基づいて推理され得ることだけを承認する人々（たとえば唯物論者たち）は、因果応報の理を認めないし、また他人に同情して助けることは無用だと主張していたので、それに言及したのである。

バーヴィヴェーカによると、

「肉の食事を享受することが阻止されるべきではない。罪の原因ではないのであるから。飢を対治する原因となっているがゆえに。思いがけず与えられた食物のごとし。(6)

肉とは主張命題の主語である。これが食せられることは罪の原因とならないというのが主張命題の述語である。飢を対治することをなす――すなわち、鎮める原因となっているがゆえに。食事の時に受けとることなく〔突然に思いがけなく〕獲た食物のごとし(7)」

ここでまた、伝統保守的仏教では〈三種の浄肉〉ということを許しているではないか、という疑問が起こるが、それは事情に応じて逐次制定されたものである、という。

「迦葉はまた言《もう》さく、『如来《にょらい》、何《なに》がゆえぞ、先《さき》に比丘《びく》に三種《さんしゅ》の浄肉《じょうにく》を食《じき》することを聴《ゆる》したまえるか』『迦葉よ。この三種《さんしゅ》の浄肉《じょうにく》は、事《こと》に随《したが》いて、漸《ようや》く制《せい》せり(8)』」

ゴータマ・ブッダは、金細工師（鍛冶工）の子チュンダの招待によってもてなしを受けたのちに激しい病いに冒されて、ついに死に至るが、そのときの接待の食物は、パーリ語で sūkara-maddava と記されている。それが何を意味するのか、非常に古い時代から不明となっていて、古来種々に論議されている。

sūkara-maddava とは、ブッダゴーサの挙げた種々の解釈のうち一つの解釈として「若すぎず老いすぎない上等の野豚《のぶた》のなま肉のことである。これは柔らかで、なめらかでよく肥えている。それを用意して、よく煮て、という意味である」という（*Sv.* p. 568）。これは西洋及び日本の学者によってかなり多く採用されている見解である。ところが、ブッダゴーサはその個所で他の解釈をも挙げている。すなわち「柔かな米飯」であるという。さらに第三の解釈として「不老長寿の薬（rasāyana）の調製法のことである。……尊師が入滅されることのないように、といって、チュンダが、その不老長寿の薬を調製したのである」という。同様の解釈が『ウダーナ』に対するDhammapālācariya（五—六世紀）の注解にも出ている。

これに対して近年の相当数の学者は、有毒のきのこのことであると主張する。その根拠は、漢訳仏典に「栴檀耳」と訳され、また現地の人々の習俗にも基礎づけられるという。(9)

次に疑問提起者は、魚肉はどうなのだ、といって突いて来る。

「迦葉菩薩は、また仏にもうしてもうさく、『いかんぞ如来は、魚肉を称讃して美食となしたもうか』

『善男子よ。我もまた魚肉の属を美食となすと説かざるなり。我は甘庶・粳米・石蜜《しゃくみつ》・一切の穀麦、及び黒石《こくしゃく》・蜜乳・酪蘇油を説き、もって美食となす。種々の衣服を畜《たくわ》うべしと説くといえども、畜うべき所の者は、要《かなら》ずこれ壊色《えしき》なり。いかにいわんやこの魚肉の味に貪著せんや(10)』」

ここには仏教の立場から見てのご馳走が説かれているのである。

では乳製品はどうなのか？　また絹衣はさなぎを殺して作ったものであるから、また珂貝・皮革・金銀の器などを受け、用いてはならないはずではないか？

「迦葉は、またもうさく、『如来が、もし不食肉《ふじきにく》を制したまわば、彼の五種の味〔すなわち〕乳酪・酪漿・生酥・熟酥・胡麻油等及びもろもろの衣服・憍奢耶衣《きょうしゃやね》（kauśeya 絹衣）・珂貝・皮革・金銀の盂器《うき》、かくのごとき等の仏も、また受くべからず(11)」

この反論に対して『大パリニルヴァーナ経』は、仏教の立場はジャイナ教ほどに厳格ではないのだ、と答えている。

「善男子よ。彼の尼乾《にけん》（Nirgrantha ジャイナ教祖）の所見に同じかるべからず。如来所制の一切の禁戒に、各《おのおの》異意《いい》有り。異意のゆえに、三種の浄肉を食することを聴《ゆる》し、異想のゆえに一〇種の肉を断ず。異想のゆえに一切悉く断じて、自死の者に及ぶ。迦葉よ。我は今日よりもろもろの弟子を制す。また一切の肉を食することを得ざれ(12)」

「マハーマティよ、『みずから殺害したのではない』（akṛtaka）、『殺すように他人から指示命令されたのではない』（akārita）、『殺すことを意欲したのではない』（asaṃkalpita）と名づけられる〔三種の〕『食べてもよい適当な肉』（māṃsaṃ kalpyam）というものがあるのではない。――それに関して教えに忠実な弟子たち（śrāvaka）には食べることが許されている、というのであるが(13)」

「しかしながら、マハーマティよ、未来の時において、わたくしの教えにしたがって出家して、釈迦族の子であると認められながら、袈裟衣をはたじるしとして着けているが、迷っている人々は、邪《よこし》まな考究に心が害われ、種々に律を分別して論じ、有身見（satkāyadṛṣṭi『われ』とか『わがもの』とかいう観念を離れない我執）にまといつかれ、味の愛執に耽溺しているであろう。

かれらは、あれやこれやと肉食のための似て非なる理由をもうけ、わたくしにたいして〔ブッダは肉を食われた、という〕不実の中傷のことばを発すべきであると考えるであろう。そうして〔肉食禁止の〕あれこれの事柄の起こったいわれを分別して、次のように語るであろう。――〈このことがらの起こったいわれは、この因縁による。尊師は、肉食を許された、と考えるべきである〉と。規定された食物のうちに〔肉食が〕説かれている、そうして如来自身も、肉を食われた、と伝えられている。しかし、マハーマティよ。どの経典のうちにも、〔肉食は〕実行されるべきものとして許されてはいない。あるいはまた規定された食物のうちに適当であるとは説かれていない(14)」

経典は肉食を全面的に禁止していると主張する。

「かりに、もしも、マハーマティよ、わたくしに〔肉食を〕許そうと思う意向があり、あるいは、わたくしの〈教えを忠実に実行する弟子たち〉（声聞たち）に〔肉食を〕実行することが適当であるというのであるならば、わたくしは、慈の念いに住する（maitrīvihārin）ヨーガ行者（yogin）たち、ヨーガを実践する人（yogācāra）たち、葬《ほうむ》りの地に住する行者たち（śmaśāni-ka）、大乗に入った立派な男子・立派な女人たちが、一切衆生をただ一人の子のごとく想うことを念想させるために、いかなる肉食をも禁止することをもなさないであろうし、またなさなかったであろう。

また、マハーマティよ。わたくしは、一切の実践の道（sarva-yāna）に入った、法の実践を欲する立派な男子または立派な女子、葬りの地に住する人々、慈しみの念に住する人々、森林に住する人々、ヨーガ行者たち、ヨーガを実践する人たちが、一切のヨーガを完成するために、一切衆生をただ一人の子のように想う念想を修するために、〔いかなる肉食をも禁止することをもなさないであろうし、またなさなかったであろう〕(15)」

仏が肉を食したと伝えられていることがあっても、それは仮りにそのようなすがたを現じたのであって、実際に食したのではない。衆生を救うための仮りのすがたである。

「衆生《しゅじょう》を度せんがために、食肉《じきにく》を示現《じげん》するなり。これを食《じき》するを現《げん》ずといえども、その実《じつ》は食《じき》せず。善男子《ぜんなんし》、かくのごとく菩薩《ぼさつ》は、清浄《しょうじょう》の食《じき》だも、なお食《じき》せず、いわんやまさに肉《にく》を食《じき》すべきや(16)」

「あちこちでの教説の学習（deśanāpāṭha）において、もろもろの実践規定（śikṣāpada 学処）の順序次第をめざして、階梯の脚を設置する道理によって、三つの限定（trikoṭi）〔にかなう浄肉〕を設け、それに関してなされたものは禁止されていない。さらに〔また、ある場合には〕、一〇種の根本的な死肉がすべて禁止されている。しかしこの経典においては、一切〔の肉が〕、いかなる場合にも、いかなるあり方でも例外なく、すべて禁止されている。なぜなら、マハーマティよ、わたくしは、肉食を、いかなる人にも許さなかったし、また現にいま許さず、また、未来にも許さないであろう。マハーマティよ。肉食は、出家者にとっては不適当である、とわたくしは語る。マハーマティよ。わたくしにたいし、〈如来も〔肉を〕食われた〉という中傷のことばを述べようと考える人々がいるならば、マハーマティよ、みずからの業の罪過の障害に覆われた、他の迷える人々は、長い時期にわたって、ためにならぬこと、利ならざることが起こるであろう。マハーマティよ。なぜならば、聖なる弟子たち（āryaśrāvakāḥ）は、凡俗の人間の食物を食べない。どうして不適当な、肉と血の食物を食べるであろうか[17]」

ここでは、食物としての肉は汚れていると考えていたようである。

「マハーマティよ。わたくしの忠実な弟子たち（śrāvakāḥ）、独りで修行する人たち（pratyekabuddhāḥ）、求道者たちは法にかなった食物（dharmāhāra）を食べ、美味に耽る食物（āmiṣāhāra）を食べない。いわんやもろもろの修行実践者たち（tathāgatāḥ 如来）は、なおさらである。マハーマティよ。もろもろの如来は法を身体としている（dharmakāya）のであり、法を食物として安住しているのである。美味を自体としているのではなく、一切の美味の食物に安住しているのではない[18]」

ここでは、肉食を美食だと考えて、それを排斥しているわけである。

大乗の理論家であるバーヴィヴェーカは、大乗の諸経典（『象腋経』『大雲経』『ランカーヴァターラ経』『アングリマーラ経』など）において一切の肉食を禁じていることを知っていた。それにもかかわらず三種浄肉をかれは容認していた。容認する理論的根拠は、次のごとくである。

(1)「大慈悲者である仏は、一切の生きとし生けるものどもを、自分のひとり子のように見なして、愛している。ところで世の中には骨や足の踵を喜ぶ犬のような者たちがいる。かれらは肉を食べるのであるから、かれらの本性である肉食を容認してやらねばならない[19]」

(2)「三種の浄肉は食べても、罪にはならない。なぜならば、それらは体液などに変化してしまうからである。

あたかも、乞食《こつじき》して得た食物を食べても罪にならないのと同様である[20]」

最初期の仏教修行僧は、托鉢乞食によって得た食物のみで身を養っていた。ところがバーヴィヴェーカの時代になると、学僧たちは僧院に止住し、托鉢によらない食物をもとっていた。だから、いずれの場合にも、食物に肉が混じっているのを食べて差し支えないというのである。

(3)さらに特別の場合として、「病気などを癒す目的で〔三種の肉を〕食べるも、罪となるとは決して見なされるべきではない[21]」

(4)さらに腹が減ってひもじいときに肉食をしても差し支えない。「なぜならば、それは飢をいやす原因となっているがゆえに(kṣutpratīkārahetutvāt)、罪の原因ではないからである[22](apāpakāraṇāt)」

ところで大乗仏教には、また特有の難しい問題が起こった。窮している人に何もかもを与えるということは、大乗仏教の実践の基本的徳目である。では、人が「肉をください」といったときにはどうしたらよいか?

人の欲するものを与えねばならぬ、という教えに関連して、肉を欲する人に肉を与えてはならぬ、という。

「その時に迦葉菩薩《かしょうぼさつ》は、仏《ほとけ》にもうしてもうさく、『世尊《せそん》よ。食肉《じきにく》を食《じき》する人に肉を施すべからず。何をもってのゆえに。我らは肉を食《じき》せざる者を見るに、〔その人には〕大功徳有《だいくどくあ》り』。仏は、迦葉を讃じたまわく。『善《よ》いかな、善いかな。なんじはいますなわちよく我《わ》が意《こころ》を知る。護法《ごほう》の菩薩はまさにかくのごとくなるべし。善男子《ぜんなんし》よ。今日より初めて声聞《しょうもん》の弟子に肉を食《じき》することを聴《ゆる》さず。もし檀越《だんおつ》の信施《しんせ》を受くるの時には、かくの食《じき》を観《かん》じて子《し》の肉の想《そう》のごとくすべし(23)』」

修行僧は托鉢乞食によって生活している。もしも信者から施された食物の中に肉が混じっていたらどうしたらよいか？

「その時に迦葉《かしょう》、また仏《ほとけ》にもうしてもうさく、『世尊《せそん》、もろもろの比丘《びく》・比丘尼《びくに》・優婆塞《うばそく》・優婆夷《うばい》は、他によりて活く。もし乞食《こつじき》の時、雑肉《ぞうにく》の食《じき》（肉の混じった食物）を得ば、いかんが食《じき》することを得て、清浄法《しょうじょうほう》に応《おう》ぜん』。仏ののたまわく、『迦葉、まさに水をもって洗い、肉と別れしめて、然して後乃ち食《じき》すべし。もしその食器《じきき》、肉に汚《けが》さるとも、但《ただ》し味《あじ》なからしめば、用《もち》うることを聴《ゆる》す。罪なし。もし食《じき》の中に多く肉有るを見ば、すなわち受くべからず。一切《いっさい》の現肉《げんにく》は、悉《ことごと》く食《じき》すべからず。食《じき》する者は罪を得ん。我いまこの断肉《だんにく》の制《せい》を唱う(24)』」

当時の修行僧たちは、身を削る思いをもって厳しい態度で実践に立ち向かっていたのであった。

（1）*Laṅk.* p. 240. l. 14.
（2）*Laṅk.* p. 250.
（3）*Laṅk.* p. 250. l. 6.
（4）*Laṅk.* p. 258.
（5）*Laṅk.* p. 258.
（6）na nānsa-bhakṣaṇaṃ bhoktum bhujyate 'pāpa-kāraṇāt kṣut-pratīkāra-hetutvād yad-ṛcchâgatabhaktavat. *Mhr.* IX, 133.
（7）川崎信定前掲論文による。

（8）南本『涅槃経』巻四、大正蔵、一二巻六二六上。
（9）中村元『ブッダ最後の旅』岩波文庫、二五九―二六二ページ。さらに詳しくは、中村元『遊行経』下、大蔵出版、四〇六、四一〇―四一九ページ。
（10）南本『涅槃経』巻四、大正蔵、一二巻六二六上。
（11）同右。
（12）同右。
（13）*Laṅk*. p. 253. l. 10.
（14）*Laṅk*. p. 253. l. 12f.
（15）*Laṅk*. p. 254.
（16）南本『涅槃経』巻四、大正蔵、一二巻六二六上。
（17）*Laṅk*. p. 255.
（18）*Laṅk*. p. 255.
（19）*Tj*. ad. IX, 132.
（20）*Mhr*. IX, 132.
（21）*Tj*. ad. IX, 132.
（22）*Mhr*. IX, 133.
（23）南本『涅槃経』巻四、大正蔵、六二六上。
（24）同右。

八　肉食禁止の思想の系譜と社会性

肉食禁止が述べられるに至った社会状勢が『ランカーヴァターラ経』の詩句のうちに反映している。

「未来の世になって、肉を食う迷える論者たちは、『肉食は適当であり（＝戒律の立場からも承認されるべきであり）、罪汚れのないものである、と仏も承認された』と語るであろう[1]」

これは仏典一般に通じて言えることであるが、未来の世は悪くなり、堕落すると考えていたのである。


「ヨーガ行者は肉を食うてはならない。

〔肉食することは〕わたくしともろもろの仏（さとった者）の非難するところである。

生き物どもは互いに食い合い、食肉鬼の種族に生まれる。

そうして悪臭あり、罵詈嫌悪されるべく、また狂乱した者として生まれる。

チャンダーラやプックサ〔のような賤民〕の種族やドーンバたちのあいだにくりかえし生まれる。

また良家のうちでも肉食をなす人は、最下の人であって、ダーキニー鬼女の種族の胎や、羅刹や猫の胎に生まれる[2]」


この文章から見ると、大体社会の下層階級のあいだに肉食が行なわれていたと考えられる。

先にも述べたように、肉食禁止の思想の系譜は、経典自身の中に明示されている。『象腋経』と『大雲経』と『涅槃経』と『アングリマーラ経』と『ランカーヴァターラ経』とにおいて、わたくしは、肉を遠ざけ離れることを説いた(3)」

大乗仏教になってから肉食の禁止が説かれるようになったが、その禁止を説いた諸経典をここに列挙しているのである。

すなわちこれらの経典を前提として『ランカーヴァターラ経』の肉食禁止の説が成立したのである。

結語としては、次のように言う。

「肉という食物は薬〔のごとく〕であり、また子の肉に譬えられる。

ヨーガ行者は、それに反対して、わずかずつ托鉢を行なうべきである。

慈しみに住する人々に対し、常にいかなる場合でも、わたくしは〔肉食を〕禁止する。

〔肉食をする者は〕、獅子や虎や狼などと同じところに住んだらよい。

解脱のための法と矛盾するから、人々をぞっとさせる肉を食うてはならない。これは実に立派な人々の幢《はた》じるしである(4)」

そうしてバーヴィヴェーカは、これらの経典が肉食禁止思想の典拠であるということを承認している。

「大乗経典によれば、世尊はまったく〔肉食は〕容認されなかったのであって、『象腋経』『大雲経』『ランカーヴァターラ経』『アングリマーラ経』などの経によれば、肉食は一切の種類においてまさに禁じられているのである」[5]

『ランカーヴァターラ経』が大乗の『大パリニルヴァーナ経』に言及しているのに、バーヴィヴェーカがこの経典に言及していないのはなぜか、その理由は不明であるが、ともかくかれが『中観心論註』を著したときにはこの経典のことが念頭になかったのであろう。

ともかく南アジアで説かれた菜食主義は、生き物の生命を愛惜するという慈悲心から出たものが圧倒的に有力であった。

インドではこういう伝統が今日まで残っている。今世紀の政治家のうちでも、対英抗争運動の指導者ガンジーは、その不傷害・非暴力（アヒンサー）の思想のゆえに、菜食主義の生活を続けていた。

西洋でも断続的ではあるが、食物のために動物を殺さないという思想があった。

古くは詩人オウィディウス（Ovid）が、菜食が原始人にとって自然であると書いていたという。

原始キリスト教徒は、何を食べよとか、何を食べてはいけないということは、あまり問題にしなかった。

「何を食べようか、何を飲もうかと、自分の命のことで思いわずらい、何を着ようかと自分のからだのことで思いわずらうな。命は食物にまさり、からだは着物にまさるではないか」[6]

生き物を殺して食べてはいけない、という教えはキリスト教の教えそれ自体の中からは出て来ないであろう。人間は神に似せてつくられたものであるから、人間の身体をたもつということは神の命に従うことであり、そのためには身体の健康をたもつということが絶対に必要であり、健康をたもつためには必要ならば肉食も差し支えないということになる。

ただし美味をとり飽食するために肉欲に耽ることは戒められていた。

「宴楽と泥酔、淫乱と好色、争いとねたみを捨てて、昼歩くように、つつましく歩こうではないか。……肉の欲を満たすことに心を向けてはならない(7)」

しかし中世になると、鳥獣の生命を守るべきであるという思想が現われた。すでに指摘したように、それはフランスに起こったカタリの徒であるが、かれらは異端の徒として弾圧され、やがて消滅してしまった。かれらにはマニ教の影響があったと言われる。聖フランチェスコは鳥に説法したと伝えられているが、かれらは家畜を殺すことを悪であるとは考えなかった。

近代になると、キリスト教のうちでも、第七礼拝日派は菜食主義を実行している。

菜食主義に対する非難は、われわれ人間は自分の健康をたもつことを第一義に考えねばならぬのであって、もしも肉食をしなければわれわれは身心薄弱になってしまうであろうということである。これに対して菜食主義者たちは、豆類などによって蛋白補給をすれば、植物食だけでも必要な栄養素を摂取することは可能であるという。

若干の知識人の説くところとして、栄養学的に菜食のほうが健康に良いというのである。

一九七〇年代の後半以後、アメリカでは菜食主義の主張が急にたかまって来た。わたしは一九五一年以後、アメリカへたびたび出かけたが、菜食主義者にはほとんど会わなかった。ところが、一九七五年以後には、数多くの菜食主義者に出会った。しかも、それはアメリカの伝統に対して反逆する傾向の人々のあいだに多い。

それには、精神的宗教的理由のあるのは当然であるが、意外なことにそれはむしろ経済的理由に基づくもののようである。アメリカは世界の穀倉として、他の国々の人を養うために、食糧不足の国々に食糧を輸出しつつあるが、それには限度がある。狭い地球の上で急激に増加する人口を養うためには、何らかの方策を立てる必要がある。たとえば、一頭の牛を養うために必要な牧場に、豆類を植えることにすると、蛋白質の供給に関しては一〇倍以上の効率が得られる。ただし、これを実行するとなると、やはり忍耐とか節制とかいう精神的な徳を必要とするであろう。

（1）*Laink.* p. 258, v. 21.
（2）*Laink.* p. 257f., vv. 12–15.
（3）*Laink.* p. 258, v. 16.
（4）*Laink.* p. 258, vv. 22–24.
（5）*Tj.* ad. IX, 132.
（6）「マタイによる福音書」六―二五。
（7）「ローマ人への手紙」一三―一四。

九　より〈良く〉生きるために

しかしこうした経済的な議論とは別に、人類は動物のうちで最も知能の進んでいるものであるから、人類に近い動物の〈生〉のことを考えるのは、人類がより良く生きることではなかろうか。

昔の西アジアやヨーロッパでは考えられなかった思惟が現われつつあるのである。

それは、人類が倫理的道徳的により良く生きることを意味する。以前には「倫理的」「道徳的」という語は、もとは支配階級のあいだだけで考えられていたことであり、近代では人間一般に関することとしてのみ考えられていた。しかし、現在ではそれよりもさらに広い範囲で考えてよいのではなかろうか。ことに人類のエゴイズムが実は人類自身をそこなっているのではないか、という反省が年とともに高まりつつあることを思うと、こういう反省はなおさら必要となるであろう。

人類の文明が今後どの方向に向って進むか解らないが、人間は行動に関して選択をなす可能性をもっているから、科学文明の成果が今後の文明にもしも謙虚に適用されるならば、「生きとし生ける者どもの利益・安楽のために」生かされうるものである。

病苦に悩む人々はますます少なくなるであろう。資源を有益に生かすことによって人々の生活はますます快適になるであろう。いままで人間は動物を殺してきたが、人工皮革のようなものが科学によってつくられると、動物を殺さないですむことになる。蛋白質の合成化が成功するならば、人々が動物を屠殺することはなくなるということも、あながち夢ではないであろう。

人間にはこのように選択の可能性が残され、生き物を殺さないですむかもしれない道が開かれている。しかし動物のうちには、他の動物を殺すのでなくては生きて行けないものどもがいる。例えば、ライオンは羚羊《レイヨウ》などを追いかけて、つかまえて殺し、その肉を食べる。それ以外に生きる道はない。それは、その動物がライオンとして生まれたために避けることのできない唯一の生き方なのである。そうして、またヒトと名づけられる残酷な動物に駆逐されて次第に減少しつつあることも、また疑いのない事実である。それはライオンを待ち受けている〈運命〉なのである。

現在動物愛護の運動を徹底的に勧めようとしている団体が実現しようとめざしているのは、次の事項である。

1、食肉用の家畜（牛、豚、鶏、馬、その他）の屠殺の禁止。
2、「不用犬猫や野犬」の行政による殺処分の禁止。
3、動物実験の禁止。
4、狩猟の禁止。
5、毛皮をとるための家畜屠殺の禁止。
6、音楽楽器製造のための動物の屠殺の禁止。
7、殺虫剤による虫の殺害の禁止。
8、食用のための魚の殺害の禁止。
9、家畜を殺害せずに、乳、タマゴ、毛を取るために飼育することも、動物に対する虐待にあたるので禁止する。
10、競馬、闘牛、闘鶏、闘犬、ペット、動物園、サーカスなどのかたちで、人間のなぐさみのために動物を苦しめることも禁止する。

生命の愛惜の思想は、おのずから刑罰の問題にも影響を及ぼすようになった。インドの仏教徒は死刑を端的に否定していた。その思想が現実にどれだけ具現されていたかは問題であるが、ともかく典籍に記されている限りにおいては、インドの仏教徒は、死刑の廃止を唱えていた。この思想は日本にも受けつがれた。日本では保元の乱にいたる以前の平安時代では約四〇〇年にわたって死刑が行なわれなかった。保元の乱のときにこの慣習が破られたのである（もちろん地方においては、盗賊を捕えたばあいに、それをその場で殺すというようなことは、実際に行なわれたであろうが、それは私刑すなわちリンチにすぎず、裁判に基づいた死刑とは区別されるべきである）。

生命を惜しむという思想は、仏教を通じて日本人一般のなかにひろがるようになった。自分の家で飼っている鳥獣を殺さないという慣習は日本人のあいだにはとくに顕著であり、欧米人のばあいとはかなり異なっている。

わたしの気づいた限りでは、欧米人は鳥獣を気楽に殺してしまう（イギリス人が犬を特別に大事にするのは、遊牧民の時代から、犬を家族の一員のように遇して来た習慣にもとづくものであろう）。

またアジア大陸の奥地でも、生活上の必要から、そのようにせざるを得ない（しかしこれも、絶対的な区別ではない。わたしは、かつてドイツ人の婦人の精神病医学者とこの問題を論議したことがある。その人はいった、――「ドイツでも同じですよ。自分のうちで飼っている鳥獣は殺しませんよ」と。統計的にどうなっているかは、調査してみないと解らないであろう）。

またインドないし南アジアの若干の国々では今日、祭儀にあたっては犠牲を供することは稀である。ときには犠牲獣のかたちをしたねり粉のかたまり――人形《にんぎょう》ではなくて、獣形とでもいうべきか——をお供えして、実際に殺すことをしない。また、インドには肉食をせず菜食主義を実行している人々が相当にいるが、これらは仏教（ないしジャイナ教）の影響であると一般に認められている。

全体としては、東洋の普遍的宗教においては、生きものを憐れみ、生命を愛惜する、という傾向が顕著であった。ただしこれも絶対的に立てられる区別ではない。すでに指摘したように、古代から中世にかけて西洋でも、生きものを殺さぬ、という思想は稀に現われた。マニ教徒は生きものを殺さなかったし、キリスト教会から弾圧虐殺されたが、端者としてカトリック教会から弾圧虐殺されたが、かれらは生きものを殺さず、肉食をしなかった。その宗教審問の際には、鶏を連れてきて、絞め殺させる。絞め殺した者は宥されたが、絞め殺すのを拒否した者は異端者として火あぶりの刑に処せられた。

マニ教徒やカタリの徒には東洋思想の影響があると説明する学者がある。しかし仮に影響を受けたのであったとしても、影響を受けるだけの可能性が人間性のうちに潜在するからこそ、影響ということが可能であったのではなかろうか。

しかしどこの国でも、現実には、人間は生きものを殺して生きている。そこで何とかして殺さないですませたいものだというはかない願いをいだく。

そういう願いにもとづいて成立した宗教的習俗の一つが放生会《ほうじょうえ》である。それは、捕えられた魚や鳥を池・沼・山野に放つ法会をいう。生物の生命を尊重する精神にもとづいて、平素行なっている殺生に対する罪ほろぼしを表わすのである。わが国では通常旧暦の八月一五日に行なわれた。

このとき魚貝を放って食を与える池を放生池《ほうじょうち》といい、後世には寺院や神社の境内に多くつくられるようになった。

放生池は天台大師が始めたと伝えられ、日本では持統天皇の三年（西紀六八九年）に摂津の武庫の海、紀伊の那耆野、伊賀の身野名を殺生禁断の所と定めた。後には寺社の境内に任意に放生池を設けた。

西洋でも全然例のないことではない。レオナルド・ダ・ヴィンチは、ときどき町の中央に出かけて行って、捕われる鳥を買いもとめて、大空に放ってやるのが趣味であったという。

放生がロマンチックであるのに対して、菜食主義の問題は現実生活において具体的な意義をもって来る。菜食主義（vegetarianism）というのは、人間の食物はすべて植物食に限ることが望ましいという主義である。近代においては、生理学、医学の立場から栄養の問題を考察して菜食を奨励する人々も現われた。しかしいまここでは〈生命の尊重〉という人間の宗教的道徳的心情にもとづいて菜食を実行する主義を考えてみたい。

それは生命の尊さを自覚し、生命を有する生きものに対する同情・共感をもつことに由来するから、おのずから「宗教的」または「倫理的」と呼ばれる色彩をもって来る。

西アジア人およびヨーロッパ人にとっては肉食はあたりまえの日常生活行動であった。それが善いとか、悪いとかいう議論は起こらなかった。ただギリシアでは、ごくわずかの哲人が、肉食を断つことを勧めたことが知られている。プルタルコスの倫理的小篇に「肉食について」というのがある。神話的伝説に包まれているオルフェウスや哲人ピタゴラスも肉食を断つように勧めたといわれる。

こういう思想を継承したエンペドクレスは、魂は、殺生や肉食や共食《ともぐい》をした罰で、死すべき肉体に縛りつけられているという意味のことを説いた（これはインドのジャイナ教と同じ理論である！）。後代にはマニ教徒、さらにマニ教の影響を受けたといわれる異端のキリスト教徒・カタリの徒――中世フランスで一時盛んであった――が肉食を嫌悪した。しかしこれらは西アジアからヨーロッパにかけては例外的である。

ところが、仏教の影響の顕著であった南アジアや東アジアでは、この問題は大きな意味をもっていた。

「菜食主義」といっても一様ではなく、種々の度合が認められる。

（1）最も厳格な菜食主義は、食物を植物食だけに限定するものである。これは、ヴェトナム、朝鮮などで、また海外及び本土のシナ人のあいだで、主として僧侶の実行しているもので、日本でも昔は僧侶が実行していた。現代の中国語では、それを「素食」と呼ぶ。

（2）植物以外に、牛乳や乳製品（バター・チーズなど）を食することを認める人々である。インド人の一部や、南アジアの仏教諸国の一部の人々はこれに属する。だから菜食であっても、油っこい。そうしてかれらは、鶏卵を食べないから、かれらはNon-eggistと呼ばれている。この語は英語の大辞典にも出ていないが、インド人の日常会話のうちには頻繁に出て来る。

（3）ゆるやかな菜食主義者。かれらは鶏卵や魚介類は食するが、獣肉、鳥肉は食べない。インドのベンガル州には河川が多く、魚介類が豊富であるので、ベンガル州のバラモンたちは〈魚介類は「海の野菜」である〉と言って、それを食するが、しかもかれらは「菜食主義者」であると称している。西洋人で仏教に帰依して仏教徒となった人々のうちには、この種の人々が多い。

第七章　身体と宇宙の連関

生きるということを問題にする時には、そもそもなにが生きるかということを考えなくてはならない。そうすると、ごく常識的な疑問としては、心が生きるのか、からだが生きるのかという問題にぶつかる。漢字で「身体」、和語で「からだ」と言うが、実質的には同じものであると理解する。身体と心というこの対立の問題は、考えてみると哲学では大きな問題であるし、どの宗教もこれを避けてはいないと思われる。

では、身体の問題が正面きって取り上げられるようになったのは、いったいいつからなのだろうか。「身体」という項目は、『岩波小辞典』(一九八一年刊)の「哲学」の巻には出ていない。ということは、この辞典が編集された時点ではまだ身体の問題が、日本の哲学界では問題にされていなかったということであろう。それから、ウィーナーがスクリブナーから五冊本で出しているアメリカの思想史事典(『西洋思想大事典』全五巻、平凡社刊)を見ても、body は、独立の項目としては立てられていない。また、それ以上に詳しい Historisches Wörterbuch der Philosophie（『哲学の歴史事典』）にはケルパー Körper（身体）という項目は出ているが、簡単に問題にされているだけである。このように、哲学の事典であまり取り上げられていないのはどういうわけだろうか。

心とか精神の問題は、西洋の哲学でも宗教でも古くから取り上げられている。ところが、からだというものは、西洋の宗教では、なにか汚れたもの、精神を束縛するものぐらいにしか、考えられていなかった。その影響があると思われる。それに対して心とからだという二つの原理、あるいは実体をはっきり自覚的にもち出したのはデカルト以後ではないだろうか。

ところが戦後の哲学では、むしろ、この身体の問題の方が大きく取り上げられるようになったわけである。おそらく実存主義の流れの中で、現象学的な反省が、非常にウエイトをもって考えられるようになったからではないかと思う。であるから思想雑誌でも、よくテーマとして取り上げられている。

そこで「身体」ということであるが、哲学者の玉手箱であるアイスラーの『哲学事典』（R. Eisler, *Wörterbuch der philosophischen Begriffe*, Berlin, Mittler）の初版を見ると、ケルパー Körper（ラテン語では corpus）というものは「もろもろの性質ともろもろの作用との空間的に限られたひとつの連関をなすもの」という説明になっている。その程度にしか考えていなかったわけである。しかし、現代のわれわれにとっては、身体が大きい問題になっている。

以前でも哲学者は身体ということを問題にはしていた。けれども、それは、基本的には生理学の問題だと思っていたのではないだろうか。つまり身体というものが問題にされなかったのは、生理学とか医学といった、いろいろな学問を基礎づけるものこそが哲学であるのだから、いきなり生理学的な概念を直接問題にする必要はないと思っていたためではないかと思う。

身体というものが霊魂に付属的なものであり、霊魂を迷わせるもの、汚すものであるという考え方は、東洋にも昔からあった。ジャイナ教がそうであるし、インドのそのほかの宗教にもある。そこでは、精神、霊魂を限定するもの、制約するもののひとつとして、身体が考えられている。これはインド哲学の主流の考え方である。この制約のことを元の言葉でウパーディ upādhi と言うが、その考え方はこうである。水晶は透明なものであるが、そこに混ざりものがあると色がつく。霊魂というのも、本来は透明なものなのだが、なにか混じり気があって濁っている。その制約するもののひとつが身体である。霊魂を制約するものはほかにもある。たとえば感官とか、あるいは具体的な思考器官もそうである。このように身体を、心を制約するもののひとつだぐらいに考えていたわけで、こういう傾向は東洋ではかなり強かったようである。

からだは霊魂を束縛するものだという考え方は、西洋でもプラトンあたり以後、途切れ途切れにずっとあったのではないだろうか。

心というものは清らかなものであり、肉は汚れたものであるという宗教的自覚も関係があるのだろう。そういう考え方は、西洋にも東洋にもあるのではないだろうか。けれども、それが宗教の全部ではないと思われる。

西洋ではオルフェウス教にはそういう傾向が強い。それからプラトニズム、初期のキリスト教、マニ教がそうである。東洋ではジャイナ教、バラモン教の諸哲学、それから仏教にもやはりみられる。ことに苦行を尊ぶような思想が、いつのまにか仏教にも入ってきている。これはやはり霊と肉とを分ける考え方なのである。

しかし、それに対する反動もあった。その一番顕著なものはインドのタントラの宗教で、快楽に神聖な意味を認めて肉のほうを尊ぶ。それがチベット仏教の一部に入り、日本では真言密教の一部に現われたわけである。

けれども快楽主義というものは、社会的な強い伝統とはなりえなかった。それは、おそらく、エピクロス派にしても、最後には、普通の意味での快楽とは別の、「本来の快楽」を追求するようになってしまうからである。それはもう修行者の生活のようなものである。

東洋でも、快楽主義はときどき出てくる。中国では楊子である。インドではチャールヴァーカ(順世派)と呼ばれる。そういうものは途切れ途切れにずっと続いているが、学派的な伝統にはならなかった。それは、快楽を追求する場合、適度ということがあってはじめて快楽になるのであって、適度を超えてしまうと、かえって快楽ではなくなってしまうという構造があるためではないだろうか。

快楽主義者の場合には、そもそも霊と肉という考え方はない。精神というものは身体の発酵したものと考えている。米を発酵させると酒ができるのと同じように、身体の一種の発酵物のようなものが精神であり、心だと。そして根本は身体だということを、インドの唯物論者は言うわけである。これは物質一元論である。けれども、どうして物質から心が出てくるのかということは、やはり説明がつかない。物質を放っておいただけでは、心は出てこないわけだから、そこには一種の生命の神秘があるのであろう。

仏教が日本に入ってくると、総じて人間の現実性を重んじるようになった。そうすると、身体というものは汚れたものではない、たとえ汚れていてもそのなかに仏が現われる、仏がましますということを言い出す。このからだを離れて、仏はありえないと言うのである。

そこで、日本天台を中心にした一部の思想家は「己身《こしん》の弥陀、唯心の浄土」ということを言う。阿弥陀仏というのは西方、極楽浄土のものではなく、わが身体に即して現われる。そしてわが心に即して浄土が現われる。浄土は、わが心のいかんによる。つまり、この身は汚れたものではないと言うわけである。身体の位置が高まったのである。修行するといっても、いったい何が修行するのか。古い宗教家の考え方では、心が修行することになるだろう。しかし、そうではなく身が、このからだが修行するのだと言うのである。

この問題は道元の『正法眼蔵随聞記』のなかで、問答のかたちでとりあげられる。「悟るというが、いったい何が悟るのか」ときかれて、道元が「自分もそれを疑問に思っていた。考えてみると、心が悟るのではなくて、からだが悟るのだ」と言う。つまり、からだの上に現われてこなくては悟りではないと、はっきり言っている。

これは仏教思想史のうえでは革命的な思想である。インドの古い仏典を見ると、何が解脱するのかというと、たいてい心が解脱するとなっている。いろいろと束縛されている心が解き放たれるという具合に説いている。それに対して道元の表現は、非常に革命的である。

それでは何が行動の主体になるのか、あるいはその主体とか自己とは何なのかという問題であるが、これは歴史的に見ても、またいまの立場で常識的に考えてみても、人間が自己を反省するときには、まずは自分のからだのことを考えるであろう。「自己」というのはインド哲学では「アートマン」と言う。この「アートマン」というのは語源的に「息」のことであるが、同時に「自己」を意味する。その自己とは何かというと「からだ」のことである。「アートマン」というのは、「息」を意味するけれども、さらには「からだ」のことをも意味するわけである。

西洋でもソクラテス前後から、自己の自覚というものが現われてくるが、その場合の「自己」というのはプシュケー psykhē である。プシュケーも「息」である。

日本では古い時代には、自己についてあまり哲学的な議論はしなかったようである。ただ、反省がなかったわけではなく、「自己」というものを「身」として表わしている。「身どもは……」という言い方があるが、これは「わたし」という意味である。それが、また同時にからだを意味しているわけである。

そうすると、からだが自分であり、そのからだが自分の主体であるということが初めの段階に出てくる自覚であり、そのなかでも、そこに働いている「息」というものを中心的に考えていたということが言えるだろう。息が心であり魂であると、まずは考えられていたわけである。これは通俗語源解釈かもしれないが、「いのち」という言葉も「息の内」からきているといわれる。前述したように、インド哲学では「自己」のことを「アートマン」と言うわけだが、それを後漢代の安世高の古い漢訳仏典では「身」と訳している。つまり、自分というのは、まずは身体のことなのである。

ところが、やがて哲学的な思考、反省が進むと、身体を客観化、客体化して考えるようになる。そうすると、心というものは別にあるのではないか、自分というものは別にあるのではないかと考えるようになる。つまり、身体とは異なって、しかも身体を反省する働きのようなものがあるということに気づくわけである。そこで、心というものを自覚するようになったのではないだろうか。そうなると、心と身体とは対立するものだと見られるようになるわけである。

ギリシアでは、魂のプシュケーに対して、身体はソーマ soma という。古代よりすでにその身体の自覚に達している。インドではかなり屈折した発展経路があるが、からだとは違うアートマンというものがあるとしていた。つまり、アートマンではないからだや、あるいはからだを構成しているものというように考えるわけである。そこで、アートマンならずして客体的に自己をつくりあげているものとして、ナーマ nāma（名称）とルーパ rūpa（形態）ということばを用いるようになったのである。nāma が客観的なものを明確化してつくりあげていて、身体も名称と形態を備えていると見たわけである。

その考え方が仏教に取り入れられ、さらに哲学的に深められて、五つの構成要素が個体を構成しているという五蘊《ごうん》の説が考えられた。人間の存在を五つに分けると、(1)まず物質的なものが目につく。けれどもそのほかに、精神的なはたらきのあることが反省される。それをさらに四つに分ける。つまり、五蘊《ごうん》のうちの四つが精神作用の分析によって得られたものである。その四つとは、(2)感受作用、(3)表象作用、(4)形成作用、(5)識別作用である。個体はこれら五つの要素から構成されている。そして形態のほうを「身」と訳し、他の四つが「心」にあたるという解釈が仏教ではよくなされるわけである。

では、心こそが自己なのかということになると、自己は心のなかにもないということになる。自己は対象的に捉えられないものとして、この五蘊は別のものとして考えるようになった。それが、いかなるものも我ではないという非我説である。これが発展すると、自己なるものはないという無我説となる。他の面からいうと、いかなるものも自己をもっていないという具合に説くようになったわけである。つまり、本当の自己とは、こういうものだと概念規定することができないものなのである。このようなものだとかたちを示して説くことはできない。ただ人間の実践のなかに現われるものなのだと、仏教では考えていた。

身体についてはどう考えているかと言うと、結局、個体を構成している一部であり、自己のうちで空間的に限定されている側面をもっているものであるとされる。そして、そこにはいろいろな物体的要素が含まれ、限定され保たれているという考え方は、すでに中国にあった。身体の「身」という字は、母親が子供をみごもっている姿だそうである。もうすでに内に限定されているなにかがあるのである。

さらに「身」を意味するサンスクリット語はカーヤ kāya と言うが、これには「集まり」という意味もある。身体を意味すると同時に集まりを意味する。それからジャイナ教では「身体」をプドガラ pudgala と言う。これも個体であると同時に、もろもろの要素の集合なのである。仏教でもそういう使い方があったが、ジャイナ教では原子がそこに集まっていると考えた。

英語の body も集まりを意味している。人々が集まってつくったものも、一種の body である。

それからコルプス corpus というラテン語も、集まったものを意味する。インドでもそうである。だから、東西の思想を通して言えることは、身体は、それを反省してみると、種々の要素から構成されているものである、ということである。

それに対して心はどうかと言うと、心というのは身体に対立するものではないと思われる。そういう物質的なものに即して現われるものではなかろうか。比喩的な表現であるが、一種の光のようなものともいえよう。心は広がりをもたず、そしてかたちももたない。けれども働きを示すなにかしらあるものがある。それが身体に即して現われているわけである。その認識までは、古典哲学でも到達していたと思われる。

それは、必ずしも心身平行論を意味しているのではない。よく「健全な精神は健全な身体に宿る」と言われるが、その関係を逆にして「健康な身体をもっているならば、道徳的に健全な精神が現われる」とは言えない。心は身体を統御する独自の働きを表わすことがある。

さらに考察が進むと、個体を構成しているもろもろの構成要素とか構成分子があるが、それはそれだけで成立しているものかどうかが問題になる。自分以外の人も個体をもっている。それは決して分離しているものではない。偉大な大自然と互いに組み入れ合って成立しているからである。つまり、身体は、大いなる大自然の一部として成立しているわけである。と同時に、大自然を構成しているものでもある。極端に言えば、個人の身体というものは、その大自然という宇宙の一部である。個人存在の物質的側面も、そこまで広げて考える必要があるということになるのではないだろうか。

こういう考え方は、西洋では最初はプロティノスあたりに現われたかと思うが、理論的にはっきり表現したのはライプニッツだと思われる。つまり、個体の存在は決して別々のものではなく、調和している。ただライプニッツの場合は、どこまでもモナドの理論であるから、個体の物質的な側面といえども孤立したものなのである。では、その調和はいかにして保たれているのか。そこでライプニッツは、神をもってくるわけである。

これを東洋ではっきり問題にしたのは華厳の哲学である。そして、その華厳の哲学を現代的に活かそうとしたのが土田杏村である（かれ以前には明治中期に村上俊江という人がいた）。学者はほとんど注意しないし、わたしも読まなかったが、近年刊行された土田杏村の卒業論文というのは、まさに華厳の哲学なのである。仏教学者から見ると、土田杏村はいかにも素人である。だから誰も読みはしない。けれども、西洋哲学の素養をもって華厳を見直したというところでは、大きな功績があると思う。現代はだれがそういうことを考えているのかは分からないが、そういうところまで考えなければならない時代に来ているのではないだろうか。

個人と個人は決して別のものではない、したがって個人の身体といえども別々のものではないということを分かりやすく表現したのは、日本では融通念仏宗の開祖である良忍上人である。「一人一切人、一切人一人、一行一切行、一切行一行」と言い、これは熊野権現から授かった詩だと言う。形式論理的にはこんなことは、もちろん言えない。一人の人、めいめいの人は違うわけだから。けれども、目に見えないところで、お互いに入り組んでいるということに目をつけると、一人はじつは一切の人である、また一切の人が一人に現われているのだということである。

一つの行為があらゆる行為を代表し、示唆している。と同時に、一切の行動、動きというものも個々の動きを離れてはいないものだと言うわけである。そうすると、身体というものの形而上学的——というと言葉が悪いかもしれないが、なにか深い——意味が理解されることになるのではないだろうか。

この説明は非常に形而上学的であるが、社会的実践ということも、そういう視点から考え直されるべきではないだろうか。したがって、いま問題にされている身体論というものは当然重要視されるべきであり、それが社会的意味をもつことによって、新しい実践哲学が構成されるわけである。この数十年で高まってきた身体論をひとつの手がかりとして、新しい実践論が展開されるべきではないかと思われる。

心と身体というものは、決して対立する二つのものではないと思う。目に見えるのはどこまでも物質的な面だけである。けれども、そこに即して何かが働いているわけで、それを仮りに心と名づけているわけである。

では、その心とはいかなるものであるかということになる。しかし、それを説明するためには有限的な概念をもって規定を行なわなくてはいけないので、その本質は決して捉えられないであろう。しかし心を無視することはできない。心が存在すると言いきってしまっていいかどうかは分からないが、心を無視することはあってはならない。そういうことだけは、はっきり言えると思う。

そして、その心というものはどこまでも身体に即したものであり、さらに、その身体というものは社会的連関のなかに生きているもので、さらに目を馳せれば、宇宙的連関のなかにあるということが言えるのではないだろうか。

第八章　自然に生きる

一　自然について

日本人は昔から自然美の愛好者であった。ときには壮大な風景を詠じていることもある。しかし日本人はその壮大な光景をなお小さな縮図のうちに収めようとする。

たとえば、

田子の浦ゆ打出でて見れば真白にぞ
　ふじの高嶺に雪はふりける

和歌の浦に潮満ちくれば潟を無み
　葦辺をさしてたづ鳴き渡る

すなわち自然を、こぢんまりとした視界に映じた自然として楽しんでいるのである。次の歌においては、いっそう顕著である。

我が苑《その》に梅の花散る久方の
天より雪の流れ来るかも
我宿の梅の下枝《しずえ》に遊びつつ
鶯鳴くも散らまく惜しみ

この点で日本人の自然愛好は、シナ人が山水を愛する態度とも異なっている。そのもっともよい例のひとつとして、次の場合をあげることができるであろう。道元の和歌に、

春は花夏ほととぎす秋は月
冬雪さえて冷《すず》しかりけり

とあるが、これはシナの『無門関』の次の頌と、いわんとする趣意は一致している。

春有二百花一秋有レ月　夏有二涼風一冬有レ雪
若無三閑事挂二心頭一　便是人間好時節

(春に百花あり、秋に月あり、夏に涼風あり、冬に雪あり。もし閑事を心頭に挂《か》くることなくんば、すなわちこれ人間の好時節(1))

ただ「涼風」を「ほととぎす」と改めただけであるが、受ける感じがまるで違ってくる。涼風は可感覚的であるにもかかわらず、無限定的で茫漠たる感じを与えるのに対して、そのかわりに「ほととぎす」を置くと、同じく可感覚的なものでありながら、こぢんまりとした愛らしい印象を与える。

このような日本的特徴は、道元の場合よりも、良寛の場合に、いっそう顕著である。彼の辞世の句に、

かたみとてなに残すらむ春は花
　夏時鳥秋はもみぢば

とあるが、「月」よりも「もみぢば」のほうが、距離的には、はるかにわれわれに身近なものである。

ここにわれわれは、自然愛好という点ではシナ人も日本人も共通でありながら、茫漠としたとりとめのない、あるいはわれわれから若干の隔たりのある表象内容を愛好するシナ人の思惟方法と、単純な小さくまとまった表象内容を愛好する日本人のそれとの相違を認めることができる。自然の風景を小さな縮図のなかに表現するということは、日本人の庭園のつくりのうちに典型的に表現されている。これは同じ東洋人でもインド人の場合とは非常に相違している。インド人も自然を愛好し、好んで庭園（udyāna, ārāma）を建設するが、しかしそこでは幾何学的な型にしたがって美しい草木や井泉をそなえるだけであって、自然の山水の風景を小さく模倣しロマンチックに表現するということは行なわない。

日本人の自然愛好はとくに季節感と結びついている。日本人は、人に会えば挨拶のときに「お暑うございます」「お寒うございます」という。ところが、日本人と同じような顔かたちをしているシナ人は、そうはいわないで、「ご飯を食べましたか？」という。インド人はどこで会っても「あなたに敬礼します」（namas te）というだけである。大陸の人々は気温の推移を無視して

いるのである。

季節感の重視は、文芸の領域にまでおよんでいる。俳句はかならず季節をよみこまねばならぬことになっている。こういう制約のある文芸形式は他の国には存在しないであろう。これは、日本の風土の気温や気象が絶えずはげしく変化し、人間がそれを敏感に受けとめるという事実と無関係ではないであろう。

日本の自然は美しい。これはあらゆる国の人々の認めるところである。湿気が多いということは生活に快適ではないが、他面、樹木や雑草の成長繁茂を容易ならしめる。緑したたる山々の曲線は、屈曲した清流、清冽なる湖水の美と相まって、自然は人間に少なくとも心理的には恵みをさずけるものであるという観念を与える。これは大陸諸国の風土景観が殺風景で単調であるのと著しい対比を示している。

シナの仏教徒（ことに禅人）は、日常のなんのかかわりもない生活のうちに絶対的意義を看取しようとする。

「一乗におもむかんと欲せば、六塵（色・声・香・味・触・法）を悪むことなかれ。六塵を悪まざれば、還って正覚に同じ(2)」

日常生活がそのままさとりなのである。

「趙州《じょうしゅう》問う、いかなるかこれ道。〔南〕泉いわく、平常心《びょうじょうしん》これ道(3)」

「僧問う、いかなるかこれ平常心。師いわく、眠らんと要せばすなわち眠り、坐せんと要せばすなわち坐すと。僧いわく、学人不会（わたくしにはわからぬ）。師いわく、熱ければすなわち涼を取り、寒ければすなわち火に向う(4)」

だから、さとりの境地というものは、この現実の世界から異なったものではない。蘇東坡の詩に、

「廬山は煙雨、浙江は潮。いまだ致らずんば千万感消えず。致り得て帰り来たらば、別事なし。廬山は煙雨、浙江は潮」

という。ただ、無心に自然をたのしむのである。

先に掲げた『無門関』の、「春に百花あり、秋に月あり、夏に涼風あり、冬に雪あり。もし閑事を心頭に挂くることなくんば、すなわちこれ人間の好時節」のように、もし人間がくだらない悩みごとなどを心にかけることがなければ、いつでもよい時節がくるのだ。さとりとはなにか。われわれ人間はこの生きている世界から離れることはできないのだから、この世界を見直すことによって浄土が現われる。人間の好時節がいつでもあるというのである。

また「日日是好日(5)」というのも同じ思想を一般的に表現したものである。

さとりの境地は、ただ外から見ただけでは、それ以前の境地と外部的にはなんら異なったものではないということは、たとえば次の問答がきわめて印象的に、無限の余韻をひびかせて伝えている――僧「仏とはなんですか」、趙州「仏殿のうちにある」、僧「仏殿のうちにあるのは、あれは泥龕塑像ではありませんか」、趙州「そのとおりだ」、僧「では真の仏はなんですか」、趙州「仏殿のうちにある(6)」。

ただし、外部的な状況はたとい少しも変わっていなくても、さとりを得る前と後ではまったく

精神的な様相を異にしていなければならない。「道」（さとり）とはなんであるか、という問いに対して、香厳《きょうげん》智閑禅師は「枯木裏の竜吟」「髑髏裏の眼睛《がんぜい》」と答えている。(7) 枯れひからびた死物ではない。無価値無意義と思われるようなもののなかに、絶対の光がはたらいて、真理を体得した人の活動が、いきいきと、活発に現われでてくる。禅僧は、印象的な事例をとらえて、詩的に表現しているのである。

インドの仏典が、修行者は人里から離れたところに住め、と教えているのに対して、その相当漢訳では自然の美しさを讃えている。

サンスクリット本の『大パリニルヴァーナ経』では、修行僧の心得を抽象的一般的に述べて、「修行僧たちが辺陬《へんすう》の地にある林間に臥《ふ》し坐《ざ》することを望んでいるあいだは、修行僧たちに繁栄が期待され、もろもろの善いことがらの衰亡することはないであろう」という個所が、「唯楽山沢」と漢訳されている。「山沢を楽しむ」ということを、『般泥洹経』では理想としてかかげているが、これはサンスクリット本やパーリ本には見あたらない。『論語』（雍也）に「知者楽〻水、仁者楽〻山」とあるのにもとづいて、訳者が漢民族の伝統的観念を付加したのであろう。自然の美しい風景に即して楽しむのである。

自然美を尊んだということでは、シナ人はインド人やギリシア人以上であったと思われる。

秋の紅葉の美しさはシナ人の讃嘆するところであり、日本人と共通である。しかしヨーロッパでは、たとえばスイスでは紅葉が美しいのに、かの地の人々はその美しさを鑑賞しない。紅葉の美しさとは、老いて消え去るものの美しさである。それは老人の美学にも通ずる。

ただしわたしは、アメリカのマサチューセッツ州やインディアナ州の秋景色の美しさには、なんともいえぬ郷愁を感ずる。わたくしが「美しい！」というと、かの地の人も「美しい」と相槌を打つ。ただし「美しさ」の受け取りかたがどこかわれわれとは違っているのかもしれない。

近代的な合理主義的探究を事とする大学も自然美に取り巻かれている。北京大学の敷地は昔の明代の高官の邸あとだとのことではあるが、いくつも自然の池があり、岸辺の高い所には東屋あり、紅葉も美しく、池辺の柳の樹列は、しなやかな女性美を思わせる。その大学の「臨湖軒」はすばらしい。密生した竹藪に囲まれ、竹林の七賢もこういうところにいたのかな、と遠い過去に思いを馳せる。

日本人もシナ人も自然美を愛好するが、日本人がつねに自然、とくに時候の変化を意識しているのに、シナ人はそれほどでもない。日本では気象の変化をつねに意識しなければ、生活しがたいことによるのであろう。

すでに述べたが、日本人は、他人に会うと、すぐ出てくるのは時候の挨拶である——「お寒いですね」「お暑いですなあ！」ところがシナ人はこういう挨拶をしない。もっとも普通の挨拶は「もうご飯を食べましたか？」である。日本人のあいだで、もしもこういう挨拶をすれば、それは単純な挨拶ではなくて、いわゆる「含み」(implication) がある。それは「もうご飯を食べたのなら、仕事にかかってもらいましょう」とか、「ご飯がまだでしたら、わたしがおもてなししましょう」とかいうことを間接的に意味する。だから、日本人のあいだでは、自然の事象を口にしていたら無難である、という了解がある。これに対してシナ人は、日本の風習を奇異に思うのである。

(1)『無門関』第一九則。
(2)『信心銘』。
(3)『無門関』第一九則。
(4)『景徳伝燈録』第一〇巻、大正蔵、五一巻二七五上。
(5)雲門の語(『碧巌録』第六則)。
(6)『景徳伝燈録』第一〇巻、大正蔵、五一巻二七七下。
(7)『景徳伝燈録』第一一巻、大正蔵、五一巻二八四中。

二　自然環境の問題

いま自然環境の問題は、世界の重大問題になっている。一九九二年、ついに全世界にわたる自然環境に関するサミットの会議がブラジルで開かれた。詳しくいうと、「環境と開発に関する国連会議」(略称で『地球サミット』)が、一九九二年六月三日から一四日までの一二日間、ブラジルのリオデジャネイロで開かれたのである。二年間におよぶ準備をした結果「二〇世紀の総決算」という触れ込みであった。会議には一七二カ国の政府代表と国連機関が参加した。この会議に対する評価はいろいろに分かれているが、「一時は絶望的であった会議をともかく完了し、今後の見通しが開けた」というのが、ほぼ穏当な評価であろう。

こういう世界の動きに対応して、わが国でも自然環境の問題は次第に重要性を増し、公害の実状は環境庁の『環境白書』のうちに逐次報告されている。詳しいことは知らないが、自分なりに当面している問題であり、また考えもしている問題でもある。

われわれにとって一つの大きな恐るべき変化は、地球の温暖化ということである。振り返ってみると、わたしが子供の頃には、東京でも冬には雪がずいぶんと降った。雪だるまをつくったり、雪をなげあったりして遊んだものであった。ところが、このごろ東京ではそのようなことはできなくなった。

『ニューズウィーク』の表紙にニューヨークが水浸しになっている絵が出ていたことがある。あまり炭酸ガスが増えると地球が少しずつ高温になってくる。そうすると、南極、北極の氷が溶けて地球の海面の水位が上がる。それで水浸しになり、ニューヨークの人が長靴を履いているという絵であった。これは文明が進歩している国々だけではなく、ある意味で地球全体の問題になるかと思われる。

さらにドイツでは、ご承知のようにベルリンの壁が破れ東西ドイツが統合された。それについていろいろな問題が起きている。とくに、東ドイツの車がどんどん西側へやってきて、悪いガスをまき散らしている。西ドイツでは環境規制があるからそれほど悪いガスは出ないが、東側にはそういう規制がないから。その結果、森林が枯れる、農業生産に差し支えがでるとか、いろいろな問題が起きている。

これを対岸の火事のようにみていることはできなくなっている。テレビの報ずるところによると、わが国の林野に、東アジア大陸からの硫黄酸化物が降下して、樹木が酸性雨に傷つけられているという。日本の問題になっているのである。さらに異常現象ばかりではない。われわれが毎日くりかえしているふつうの生活まで脅かされている。食糧難、農薬による食料の汚染、森林破壊、資源枯渇、ついには地球の砂漠化などがわれわれを捕らえて放さない。

われわれは自然に生まれて来たのであり、自分の意志で生まれて来たのではない。またわれわれは成長して、今日現にあるがままの身体をもっているのは、自然の恩恵によるものである。そうして、われわれが寿命がつきて消え失せるときには、自然のうちに帰するのである。

このわかりきった運命に対して、近代文明をつくった人類は、反逆を試みた。傲慢な人類は、自然を思うがままに支配しうると考えた。武力に裏付けられた近代国家は、その象徴的所産であった。ところがいまや驕慢な人類は、自然から復讐を受けるに至った。公害、環境汚染、今までにはなかったエイズのような新しい不治の病気や精神病の出現、放射能の漏洩、異常児の出産など恐ろしいことが、次から次へ起こっている。

この機会に「自然環境」の問題について、諸方面の違った角度から検討・吟味することは、至上の意義をもつものと思われる。

では諸国の学会や知識人のあいだにどういう対応が起こっているか。ヨーロッパでも深くこの問題に思いを潜めているところがある。たとえばスウェーデンの学術会議では従前から自然環境の問題を取り上げて、“Ecology, Economy and Environment”という叢書を刊行している。また、一九八三年九月一二日から一四日までのスウェーデン学術会議主催の“Nature, Culture, Technology—a Conference"という会議がスウェーデン・ストックホルムのHaesselby Castleで開催された。そのときわたしも発表を行ない、"Geo Journal"という雑誌に掲載された。ストックホルムというのは非常に静かな町で、その町の郊外の、ロマンチックな城を舞台にして論議した。わたしはそのときに「東洋人の自然観」という報告をして一応の責務を果たし、いろいろな方の議論を聴いて非常に有益であった。スウェーデンというのは森の国であるから、とくにそういうことに関心が及んでいるのかもしれない。

それからドイツのニーダーザクセン州の州都ハノーファーでは、一九八八年五月二一日から二七日にわたって、州政府の後援のもとに「精神と自然」というテーマの国際会議が行なわれた。わが国でも同趣旨の国際会議が開かれ、立派な報告論文集も出ている。

インドでも環境汚染が問題になっている。「われわれは森林に基づいた工業を育成すべきだ」と、生前ラジブ・ガンジー首相が声明を出している。

急に環境保護の問題が騒がれるようになってから始まったことではないが、イギリスでは一八九五年、日清戦争の終結した年に、ナショナル・トラストという小さな組織が誕生している。その正式名称は、The National Trust for Places Historic Interest or Natural Beautyという。これを直訳すれば、「歴史的遺産や自然景勝地のためのナショナル・トラスト」となる。これ以後一〇〇年以上、「自然保護」の伝統がつくられている。「ナショナル・トラスト」の最大の特質は、「市民がお金を出して自然を買い取り、自分たちの手で保護管理すること」である。現在は非常な発展を示しているが、イギリス人たちは、自分たちの父祖の築いた美しい伝統に誇りを持っている。

イギリスとも関係あることだが、わが国では日本学士院が特別な賞を設けることになった。それは自然保護、種の安全の基礎となる優れた学術研究に対し、日本学士院名誉会員であるイギリスのエジンバラ公から提供された賞を授与するというものである。これはエジンバラ公が日本学士院の名誉会員になられたので、それに対するお返しという意味でつくられたものだが、毎年一件、日本人の研究者に授与される。これは自然科学の方でも人文科学の方でもいいことになっており、半ば国際的な意味を持っているわけである。

さらに民間でもいろいろな動きがあり、朝日新聞社は森林文化賞なるものを制定した。また読売新聞社では、緑豊かなまちづくりの成果を競う「緑の都市賞」を制定した。そのほか他の新聞社、文化団体でも種々の企画を出しているようだ。

また、兵庫県では明治時代の文化遺産を大事にしようという動きがあり、「五二〇万県民が総参加の下、全県全土を公園のようなイメージで整備構築しよう」という構想をたてた。

仏教関係の雑誌とか新聞でも——仏教はもともと森と結びついているものであるから、こと新しく森を大事にしろということは言わないようであるが、しかし、日蓮宗の信者の方々のあいだでも「緑の文明」ということを論ぜられた——「森林の再生と環境保全」ということが詳論されて、印刷されている。

新興宗教のうちでも、たとえば立正佼成会が取り上げて、会の広報誌などにたびたび論議が出ている。「森に生き、森に学ぶ」、「森林破壊は地球の危険である」、「平和の条件づくりとして森をつくれ」という対談も出されている。

これだけ「自然環境」ということが大問題になっているが、日本の代表的な諸辞典に「自然環境」という言葉が出ていない。ただそれに近い語として「自然界」という語が出ている。

自然界とは、『新潮国語辞典』には、①哲学上の用語としては「認識の対象となる外界。天地万物の存する範囲」、②人間界以外の世界、③人間界・生物界以外の世界、と説明されている。あるいは『広辞苑』では、①天地万物の存在する範囲、②人間界に対して、それ以外の世界、という説明がされている。

一般には、自然とはカントが言ったような意味に理解されている。つまり、自然というのはわれわれの経験の対象たりうるものの総体である。だから人生または人生に関するものも、対象となりうるから、当然そのうちに含まれるはずであるが、また自然とは人生と対立するものであるから、「自然」というときには、人生を省いたもので、人工の加わらぬ、ありのままの存在の全体と考えられている。

ところが意外なことに、この意味の自然に相当する語が、古い時代には英語にもドイツ語にも存在しなかったのである。そこで哲学的論議をするときには、物理的自然を意味するギリシア語のピュシスのラテン語訳 natura という語を用いて nature とか Natur という。ところでピュシスとはピュオ（つくり出す）という動詞からつくられた名詞である。

この nature, Natur を邦訳するに当たって、日本の先人は「自然」という漢語を用いた。老子は「人は地に法《のっと》り、地は天に法り、天は道に法り、その道は自然に法る」といっている。この場合に「自然」とは、人為の加わらぬ本来のままの物のありさまをいう。天然というのもほぼ同じ意味である。荘子の注釈書には「自爾」という語を用いているが、ほぼ「自然」と同じ意味である。

この語が「人工」に対するものであることは明らかであるが、物理とか物体の意味は含まれていない。そこで「自然環境」というときには、たんに人間を取り除いた残りの領域というだけではなく、人間がそれに依存している領域という意味が内含されているといえよう。たんなる「自然」や「自然界」とは異なって、人間との連関における自然環境が問題にされているということは、人類が新しい段階に入ったということを意味している。

自然環境のうちでも現在特に問題とされているのは、森林の破壊である。インドは森の国で、インド文化は森の文化とさえいわれている。森を意味する言葉としてアラニヤという言葉があるが、ヴェーダ聖典の奥義は、森林の中、アラニヤの中で師弟、先生と弟子とが相対して伝えるということになっている。都市ではざわついているから静かな森林の奥で伝える、という意味である。また、林を意味する言葉をヴァナという。木がいくらかまばらなところである。

森林という言葉を使う時にわれわれ日本人が考える森林と、インド人の意味する森、林とは少し違っている。インドは同じモンスーン地帯であるが、湿気が少ないことから、森、林といっても密生することがない。下草はあまり生えていない。林を通して向こう側が透けて見えるというのがインドの森である。

これは年間総雨量の少なさのせいで、それが建築にも影響している。建物の屋根は、上が平らである。だからどこで寝るかといえば、雨期以外には雨が降らないので、どうかすると屋根の上にのぼって、天空を仰いで月を見ながら寝る。わたしもインドでは屋根の上で寝た経験が二回ある。

ところが、雨量の多い地域になると、そんなことはできない。以前、カルナータカ州マイソールの方に行った。山奥に寺のある高野山のようなところをずっと上がって行くと、案内の人があそこにチャイナタウンがあるという。シナ人が住んでいるのかと聞いたら、そうではない。何のことはない、建物がシナ風だという。つまり、屋根が傾斜しているのである。雨量が多いから、こうしなければ雨水がたまってしまう。だから東アジア風の建物ということで、チャイナタウンと呼んだわけである。

同じアジアの土地といっても、地域によって風土はかなり違う。インドは樹木の数が少なく、透けて見える。しかしそんな風土に抗して、打ち勝って育った樹木の中には途方もなく大きなものがある。カルカッタの植物園には世界一の大木がある。それは一本のバニアンの木であるが、しっかりと根をおろして、樹齢数百年である。一本の木が根をおろしているのが、遠くから見るとまるで森のように見える。その一本の木の周りが三マイルあるという。そんな大木がインドにはある。

庭園の違いについてもふれてみたい。東アジアはだいたい漢民族の造園術の影響を受けているから、多かれ少なかれ、日本固有の庭園と似ているところがある。インドの庭園というのは、左右均整で、むしろイスラムの庭園に近い。だから極楽浄土という姿が違う。極楽浄土を求めるのは仏教徒に共通であるが、その極楽浄土としてどんなものを求めたかというのは、大変に違う。インド人が浄土三部経などで描いていた極楽浄土の池は、左右均整で、池が真四角である。ヒンドゥー教徒の造った池も四角である。ところが、そのような姿は日本人にはなじまない。日本の浄土教徒は、平等院の池とか、毛越寺《もうつ》の池を連想する。左右不均整なもの、われわれ日本人はそういうものを好む。

民族により風土によって、同じアジアでもかなり違いがあるが、森を重んじていたという点では共通である。

その傾向をどこまでたどれるかということだが、古い時代、数千年前にはアジア地域にはどこにも森林があって、それを大事にしていたと思われる。ところがある時期に気候の激変があり、またそれ以外の理由もあり、森林が破壊された時期があった。

インドのアーリヤ人、いわゆるわれわれがインド人と呼んでいる人々が、インドの土地に進入してくる前に、インダス川の流域、ガンジス川の上流にすばらしい文明が栄えていた。その遺跡が残っている。インダス文明の遺跡である。どういう人種が住んでいたかはよくわからないが、有力な推定は、その人たちが文明を維持するために、周りの森林を伐ってしまったという説である。なぜなら、あの文明の建物がレンガで造られているからである。あれだけ多量のレンガを焼くためには、燃料が必要である。だから周りの森林を伐ってしまった。そうすると、洪水が起こりやすくなる。だから優れたインダス文明が滅びてしまったのだと想定するのである。

それからアーリヤ人、いまのインド人の祖先が入ってきてインダス文明人たちの貯水池を破壊したため生活できなくなった。アーリヤ人がもっとも尊崇していた神はインドラという神であった。それが日本に入ってきて帝釈天になる。この神が村を破壊する、あるいは、貯水池を切って水を流したという伝説が、インド最古の宗教聖典『リグ・ヴェーダ』の中に出てくる。

つまり、先住民が貯水池を大事にしていたのに、アーリヤ人が入ってきてその貯水池を駄目にし、森林を駄目にして、あのすばらしい文明が滅びてしまったというのである。当時としてはなかなか優れた文明で、とくに貴族の家になると周りの壁が二重になっている。中に空気が保たれて、これが自然の冷房装置になるということまで考えられていた。あれほど大きな都市は、ヴェーダの時代にはなく、ウパニシャッドの時代にも、仏教時代にもなかった。それが滅びてしまった。これはやはり、いかに文明が栄えていても、人類が森を粗末にしたために滅びてしまったということになるであろう。

中央アジア、いわゆるシルクロードにも昔は多数の都市が栄えていたが、いまは荒れ果てた廃墟のみが残っている。ヨーロッパでもゲルマン人の住んでいた土地には森林が多かったと歴史の本には記されている。しかし後代のヨーロッパ人は、西アジアから宗教を受け容れたために、森は、人間のために、人間に食料や資材を提供するためにあるのだといって、牧畜や麦作のために森林を片端から破壊したといわれている。その結果、今日ではその後始末に追われている。

自然環境の問題は、従前の観念によれば、人間の生存とは無関係であるかもしれない。しかしそのように考えるのは、近代西洋思想の狭い独善的な態度に影響されているといえよう。人間の生存は、人間をはぐくむ自然環境から切り離して考えることはできない。自然環境というものが、人間を離れたものではなくて、人間の心がけによって保たれるものであるということを、たとえば道元禅師が、次のようにはっきりと言っている。

「おほよそ、山は国界に属せりといへども、山を愛する人に属するなり。山かならず主を愛するとき、聖賢高徳山《やま》にいるなり。聖賢山《やま》にすむとき、山これに属するがゆへに、樹石鬱茂なり、禽獣霊秀なり。これ聖賢の徳をかうぶらしむるゆへなり」

総じて仏教の教学では、世界は二種類あると考える。第一は、人間としての世界、あるいは世間といってもいいであろう。あるいは生き物としての世界である。これを仏教では衆生世間または有情世間と呼ぶ。第二は、自然環境としての世界。これを器世間という。人間や生き物がその中で生存するところの器であるということである。両方を考えなくてはならない。仏教によると、生存するものとしての生き物と、自然世界、自然環境とは、緊密な関係があると考えるのである。

インド人は昔から森に住むことを重んじていて、ことに人生には四つの時期がある。インドの法典に出てくるが、第一段階は、子供として生まれ、育てられて成長する、その間に教育を受ける。第二の段階は、結婚して、家の主人となり、子供を育て、家の祭をする。第三の段階は、森に入って暮らす。家のことは跡継ぎの子供に任せてしまう。第四の段階は、何にもとらわれることなく、遍歴の生活をおくり、絶対のものを念じながらこの世を終わるというのである。第三の段階と第四の段階とは、必ずしも区別されていない。だから、一生森に住んでこの世を終える人もいるわけである。仏教の最初期の修行者とは、森に住むことを理想としていた。釈尊は一人森の中にあって、楽しみを見いだす。悪魔が釈尊に呼びかける、「あなたは森の中にあって沈思する。それは寂しいではないか」と。ところが、それに対して、「自分はこういう生活が楽しい。人のいない林は楽しい。世人の楽しまないところにおいて、愛着なき人々は楽しむであろう」と答えた。

自然をはぐくむという思想は、仏典の中にあちこちに出てくる。修行僧はこう言っている。「さあ、わたしは仏のほめたたえたもう森林に一人赴こう」、「森に捨てられた木材のごとく、わたしは一人森に住む。戦場に臨める象のごとく、わたしは深き森の中にあって、しかも正しい思いを失うことなくしてそれに耐えよう」。その理想はずっと伝えられて、ことにインドの修行者というものは静かな森の中に住む。その住まいのことをアーシュラムというが、古風な道場で、いまでも残っている。修行をする人、修養をする人がそこに住むが、近代的な大学の中でもそのような理想は生きている。

たとえば、タゴールのつくった大学がある。ベンガルの北にあって、岡倉天心や横山大観などもそこにいって文化交流につとめている。そこがシャンティニケータン〈静かな住まい〉という名なのである。そこでは、静かな森の中で授業が行なわれる。だから、そこの学生は裸足で歩いている。講義も建物の中ではなく、外で自然の空気をすいながら、日光を浴び、楽しみながら授業を行なう。インドではある時期以外は雨が降らないから、そういうことができる。いまでもインドの知識人などはそういうところに別荘をつくっている。

森の中に住むということが彼らの理想であり、インド人のつくった詩の中には、しばしば自然が讃えられている。ただどちらかというと、自然というのは人間に対する否定的なものとして登場しているようである。「さあ、わたしは一人で森へ行こう。そこはブッダが賞賛され、一人住み努めはげむ修行者には気持ちの良いところである。美しく花咲く涼しの森の、清涼なる山窟のなかで、わたしは四肢に水を注いで洗い清め、ひとりそぞろ歩きをしよう。涼しい風が吹いて芳しい香りをもたらすときに、わたしは山の頂に坐して無明を破り砕こう」。そのように言っている。

これに対して日本人はどうであったか。日本人もやはり自然を讃えているが、どちらかといえば、出家した人でも自然と一体となる、自然に対して愛着を持っている。心身の煩悩をのがれようとして樹下石上に坐して修行していても、花の下にあれば、いつしか花を楽しみ花を喜ぶ人になってしまう。

木のもとをすみかとすればおのづから
　花見る人になりぬべきかな
あだにちる花見るだにも有るものを
　宝のうえ木思ひこそやれ

こういう花の姿を通じて極楽浄土が思われる、というのである。

民族によって、自然を受け取る感じが違う。思うに、日本の自然は非常に美しい。これはあらゆる国の人が認めるところである。そのような自然にわれわれが接しているということは、ありがたく、感謝すべきことと思う。『羅生門』という映画がアメリカで上映されたことがある。ちょうど私はスタンフォード大学にいて、学生を連れて行った。観賞して出てきた時、彼らがあのストーリーをどこまで理解したかわからないが、最初にもらした感想は、「日本の自然はあんなに美しいのか」であった。

西部劇のフィルムなどを見ていると、アメリカの自然は荒れている。その目でみると、日本の自然は非常に美しい。それをいいと思う気持ちは、人類に共通だと思う。ただそれについて、すべての民族が同じように評価するとは限らない。

たとえば、あるユダヤ人の大学者が日本にきた時、よく知っている人だったので、どうもてなそうかと考え、何もご馳走するわけにもいかなかったので、美しい自然でも味わってもらおうと思い、箱根や伊豆の美しい景色を見せた。すると、イスラエルで育った方には、どうも日本の風景というのは訴えないようである。それよりも、I'm hungry とばかりいう。ご馳走した方が良かったようである。

民族によっていろいろと違いがあるが、日本の風景が美しい、自然環境がすばらしいというのは、人類全体が認めるとまではいえないが、やはりアメリカ人でもいいと思う。そういうところで育てられているというのは、私たちとしては非常にありがたい、感謝すべきことであろう。

一つには、外国では自然というものが人間と敵対的である。ところが、日本では自然というものにはわれわれと対立するものではなくて、むしろ恵みを与えてくれるものであるという面がある。そこで日本人は一般に山川草木を愛し、自然にあこがれるということになったのであろう。外国人からもほめられ、われわれも認めているが、それで安住してはいけない。意外な評価がある。

韓国へ行ったとき、あちらの教養ある人はあまり日本人の悪口は言わない。けれども、ある知識人の方からこういうことを言われた。生け花、つまり華道、あれは日本独特のものでわれわれ日本人は誇りにしている。ところが、その韓国の知識人に言わせれば、生け花というのは日本人の残酷性を示しているという。

なぜかと言うと、野原においておけば美しいのに、それをはさみで切って手を加える。切るということにも問題があるだろうが、でもそれを日本人の残酷性の適例と言われると、わたしは返事に困ってしまった。そのような批判もあるので、自然美の受け取り方はいろいろで、もっとじっくりと考えてみる必要はあるだろう。

つまり、自然美を求めるという点ではどの民族も共通だが、それをどう受け取り、どう生かすかとなると、民族によって違いもあり、今後の人類の文明の発展の仕方によって異なってくると思われる。

東洋人が自然を愛好することを述べたが、西洋人はどう思うか。チェコスロバキア人のヴィンテルニッツという大学者は、インド文学史について不朽の名作を残しているが、その人がこういうことを言っている。イスラエルやギリシアの詩には、自然に対する感触がかけている。なるほどイスラエルについては、砂漠の国であるから、先ほど述べたような受けとめ方もあるかもしれない。ギリシアでもだいたい荒れ果てている。ギリシアは非常に水が少ない。かつて多くのポリスに分かれていたのは、なぜかというと、水が大きな都市を維持するのに十分でなかったからだといわれている。

ところが、西洋が全部そうかというと、そうともいえない。西洋人のうちでもドイツ人はもともと森の住民であった。だから自然を楽しむ傾向がある。たとえば、山野を跋渉する若人たち、ワンダーフォーゲルはよく知られている。

ヴィンテルニッツはこう言っている。ドイツ人もインド人も自然の描写を愛する。また、インドの詩人もドイツの詩人のように人間の悲しみや喜びを、彼らをとりまく自然と連関させることを好む。だから、インド文学の研究がドイツで特に盛んなのは、なにかしらそこに共通するものがあるからだ、というのである。

確かにドイツは森の国だといえよう。空港に降りてから都市の中心まで行くあいだに、いかにも森らしい風景に出会う。日本は殺風景で、成田で降りたあと、両側を仕切られた中を自動車で行くわけだから、自然の風景も何もありはしない。ドイツは工業が盛んだが、大工業都市が、なにか森林的背景に取り込まれている、生かされているという印象をわたしは持つ。

ドイツと並んで、イギリスの文人も自然の風景や動植物を愛好したことで知られている。とくに、ワーズワース、コールリッジ、テニスン、ディッケンズ、ラスキンなどが有名である。自然保護に力を注いだ人もいた。ただ、イギリス人の自然愛好は日本人の場合と多少異なっている。

日本人の場合には、小さいものの愛好、優美なるものの尊重という傾向がある。イギリス人の場合は、むしろ海や田舎の広々とした眺望、家畜では犬や猫を好む傾向がある。そんな違いがあるとイギリス人が言っている。

そこで、人間にとっての自然とはなにか、ということになるが、自然という言葉は仏典では「ジネン」と呼ぶ。これは、仏典では「人力を加えないこと」と解されている。時には物理的自然の意味にも解されている。ただ、人間の場合にはこういう問題がある。人間の有する物理的生理的自然としての側面を、そのまま放置しておくと、人間は感情や欲望をそのままで放置して、放縦ならしめる自然主義に陥る。自然主義の文芸などという場合には、このようなことを指す。どうかすると、人間社会の道徳的制約に反抗する立場を示す。しかし感情や欲望を極端に放任すると、人間の生存そのものを脅かすことになる。

ところが人間というものは、自然環境に人為的に力を加えることによって生きている。坐して何もしないというのでは、人間は生きていくことができない。では、どうしたらよいか。人間は自然環境に対して適切な仕方で働きかけることができるかどうか、もしできるとすれば、それが人間にとっての自然ではないか、という問題が起こる。これについて仏教がどういうことを教えているか。

古い仏典に、自然外道というのがある。自然のままでいることを説く外道（異教）、その場合には何も手を加えないでほったらかしにしておいて、運命を受け取るという意味がある。けれども人間の自然ということを考えると、人間が努力をして自然界にも適当な調和をもたらすような仕方で働きかけていく。人間と自然との調和を醸し出す、作り出す、それが人間にとっての自然ではないか、そう考えられるのである。

古い仏典を見ると、原始仏教の聖典というのは、出家修行者のための教えが主であるが、そこではやたらに土地を掘ってはならない、草木を損なう、ただ無意味に損なうということはいけない、またお坊さんが庵室をつくるにしても、あまり広い土地を所有して自然環境を損なうことはいけない、ということが説かれている。雨が降るときに、外を歩き回るのはいけない、なぜかというと、一つにはその時期には生き物が外へ出てくるから、その生き物を踏みつけたりしてはいけない、そのような主旨であったようである。だから、植物の命でも、やたらに多くの小さな生命を殺すのはどうも具合が悪いと考えていたようである。土地を無用に広く使ってはいけない、という規定もある。あまり樹木を切ったりすると、樹神の恨みをかうことになる、そんなことも説かれている。

また当時は、きれいな空気を汚すというほどまで工業が発達していなかったから、空気の汚染ということまでは説かれていない。ただ、理想的な帝王というのは、統治するにあたって、樹木などを柱にするためなどにやたらに切ることはしない。

ありとあらゆる花と果実、種々の薬草、多くの宝、清らかで快適な水、たえなる花に飾られて輝くつる草、見事な果実がたわわな樹木、そのような理想の環境を作り出すということは、大乗仏教の哲人にとっても、理想とされていた。これは菩薩（求道者）の誓願の中に出てくることである。人間というものは、いろいろな働きを持っている。その働きが適当な仕方で現れて調和をとる、それが人間の自然ということと考えられていた。

漢訳の仏典を見ると、自然という言葉がしばしば出てくる。その意味は、「もとよりしかあらしめること」と言われている。つまり、停滞することのない、自由自在の境地をいうのである。

漢訳の仏典に出てくる言葉であるが、「自然法爾」という。これは浄土三部経に出ている言葉で、ことに親鸞聖人は頻繁に使っている。そのような意味の自然というのは、もとの中国思想では荘子などが使っていた。それを受けたものであると、文献学的には立証されている。というのは、浄土三部経の中で、「自然法爾」という言葉が出てくるのをサンスクリットの原典と比べてみると、原語がない。だから漢訳者がつけ加えた語なのである。ところが、シナ・日本の浄土教の思想家はそこに重大な意味を読みとったのである。

そもそも「自然法爾」というのは、「おのずからそうなっていること」、他から何らの人為的な力を加えることなく、おのずからの姿のままであることをいう。その場合は、日常の生活の水準において何もしないという意味ではなくて、人間はやはり努力し、行為し、努めている。ただその行ないがより高い仏さまの立場からすべて照らされ、摂取され、受け取られている、そういう意味で使っているものと思われる。

善導大師の書物に「仏に従って、逍遥して、自然に帰す」とある。この場合の逍遥というのは、何ものにも妨げられないで悠々自適の生活をすることである。自然というのは、阿弥陀仏の国である、と善導大師はそのような受け取り方をしている。

人間のおのずからの道、人間が人間としてなすべき道というのを、インド人は〈ダルマ〉(dharma)として表している。これは人間を人間として保つものである。ところが中国人に訴えるには「自然」という言葉がいいと、シナの仏教家は考えた。人間には自然の本性というものがある。その本性というのは、ただ寝ころがっていたり、わがままをしたりするということではなくて、人間としての道に従って行動する、それが人間としての自然である、そう解釈した。

自然の本性の尊重というのは、昔から漢民族の強調したことであるが、われわれ日本人は、それを受けとめながら、おのずから人間としてのあるべき道に努める、その努力というものを高い立場からみると、人間の自然である、仏さまがみそなわしてそうさせてくださる、そう解釈していたのである。

あるいはごく卑近なところで、芭蕉がどう言っているか。芭蕉は「天に従ふを道と謂ひ、道に従ふを自然と謂ふ」と言っている。人間には道がある、それに従うことが自然である。人間的自然に従うことを、ある場合には「中道」と言っている。これはどっちつかずということではなくて、人間が適切な生き方をするという意味である。

客観的な自然ということになると、東洋よりも西洋の方が自然科学的な観測という意味では優れていたと思う。ことにギリシア的思惟は合理的であったといわれているが、その合理的という意味は、どこまでも人間と離れた客観的な自然界を理解する仕方については、論理的な一貫性を持って、合理的な思惟を適応したといえる。この点で、東洋人はいささか弱かったということを認めなければならない。

インドでは、宗教上の書物は非常に多いが、インドの自然科学の書物というのは、宗教上の空想と区別されていないという弱点がある。また、漢民族も優れた古典を残しており、祭祀や儀礼に関する知識、さらに医学的知識などは重んじるべきだといわれている。けれども論理的整合性に乏しかったことは認めねばならない。だから西洋の学問を取り入れて、それを参照すべきことは言をまたない。ただ、西洋の学問というのは、自然というものを人間から離れたものとして、それだけの範囲で論議するという欠点がある。

中国人の残した思想的典籍によると、自然の動きと人間の動きとに対応関係を認めようとしている。しかしそれは、今日からみると、必ずしも十分であるとはいえない。今後は、むしろ自然と一体となり、平和な生活を営むためには、万物の調和が必要である。いかなるものでも人間と関係を持っている。その道理を認めて、現実生活を肯定する。絶対の世界というものを現実の生活から離れたところに求めようとしない。絶対のものはどこにあるか、これはわれわれが生きている現実の領域の中にある。

日本人の民俗信仰の神道においても、万物の中に神たる姿を求めようとしている。これが日本の仏教哲学においては、とくに徹底されていた。またインドやシナの自然観では、自然との調和ということは考えているが、ある場合には人間から切り離されているという傾向がある。

ところが、日本人の場合には、あらゆるものが絶対者を反映しているという考えがある。ことに日本でよく説かれた、「草木国土悉皆成仏」ということがある。大陸の仏教では、われわれ人間は迷っている、その迷いをどうするかということが問題となる。さらに、人間ばかりではなく、生き物もどうすれば救われるか、そこまで考える。ところが日本仏教では、精神を持たないもの、それでさえも仏となりうると説いた。インドの大乗仏教徒が説いていたことは、一切衆生にことごとく仏性ありということである。いかなる生き物でも仏となりうる可能性がある。そこに思索の中心点があった。ところが日本へ来ると、われわれ人間、あるいは生き物ばかりではなく、まわりの草木、国土、石ころや水、そういうものでもやはり仏となりうる可能性を持っているもの、つまりわれわれにとって大切なものである、われわれから切り離されるものではないというのである。

これを別の言葉でいうと、われわれが今日生存しているのは、過去の生存において、われわれ個人が、あるいはわれわれの祖先がいろいろなことをした、その報いとしていろいろなことが現れてくるということである。われわれが生きているのは環境世界の中である。それは自分自身の責任ばかりとはいえない。たとえばこのまわりにはすばらしい環境が広がっているが、それは私自身がいいことをしたからこのように環境に恵まれているのだ、とはいえない。みんなの共通の報いとして、過去にいろいろな原因があり、それが錯綜して、それは美しいだけではなくむごい場合もあるが、今日の環境がある。拠り所としての報い、つまり環境世界である。それはわれわれ祖先の努力の結果として出てきた。生きとし生けるものと人間と、それからまわりの環境世界というのは不二だ、別のものではない、という。

西洋の近代的思惟というのは、両者を区別していた。環境世界というのは、われわれに従属するものだ。われわれがそれをどのように扱おうと、それはかまうことではない。そのような扱いで進んできた。ところが、仏教がもとから教えているところによると、「依正不二」（依りどころとしての世界と、主体としての衆生は、不二である）と言い、両方は別のものではない。われわれはここに生きており、空気を吸っている。その点で環境とは別ではない。またわれわれは温度を適当に享受している。だからわれわれの生活と決して別のものではない。さらに、食物をいただいたり、衣服を着たりする。それはすべてもとをただせば、環境の所産であり、そこに人工の努力が加わっている。

だから、人間存在とまわりの自然環境とは決して別のものではない。依正不二という天台の言葉では、こういうことを教えてくれている。いままではこういうことに深く思いをいたすことはしなかった。しかし、文明が発展してこの段階になると、改めて考え直す必要がある。われわれは自然界に対して、人為的な力を加え、働きかけて生きていくわけである。それは部分的には自然環境の破壊を行なっていることになる。しかし、全体としては自然を生かし、しかも自然とともに生きていくということが必要である。その道が求められねばならない。そういう意味での自然に随順して生きよということが、仏典の中にいろいろ教えられている。

あとがき

先に、『〈生きる道〉の倫理』（構造倫理講座第二巻）においては、われわれは、好むと好まざるとにかかわらず、人間として生まれ、人間として生きてきたのであるが、今後どのように生きるべきであるか、というきわめて現実的・実践的問題が扱われた。

この第三巻『〈生命〉の倫理』においては、今日のわれわれがいかに生きるべきであるかを考えるためには、何を手がかりにしたらよいのであろうか。どこに思索の基点を置くべきであろうか、という倫理というよりもむしろ人間存在そのものに関する根源的な思索が展開されている。

西洋の近代思想の主流は、フランスの哲学者デカルト（René Descartes 1596-1650）の「われ考える、ゆえにわれ有り」という反省に見られるように、あらゆるものを疑った上でどうしても疑い得ない「自分が考えている」ということから出発する。しかし中村先生は、この考え方に疑問を呈しておられる。確かに、考えるということは、われわれの生活の中で、重要な一面ではあるが、しかしそれが根底的であるとはいえないと批判しておられる。

しかもデカルトの「われ」は、他から隔絶し、孤立した「われ」である。インド仏教では、無数に働いている原因・条件の因果の網がわれわれの生を支配し、人間存在はすべて目に見えないつながりの内にあると考えられている。先生によれば、「個人としての人間は異性を必要とするというこの単純な事実一つを手がかりとしても、個人の〈連帯性による存在〉は疑うことが出来ない。他人から切り離された個人というものはフィクションにすぎない」（『自己の探求』青土社、一九九四、六二頁）のである。

イスラムの哲学者アル・ガザーリー（Abu Hamid M. Al-Ghazālī 1111年没）は、デカルトの四〇〇年以上も前に、「われは考える。ゆえにわれ有り」ということを発見した後に、この命題をさらに検討して「われは生きている。ゆえにわれ有り」と主張するようになったという。中村先生は、これを引用して、この「われは生きている。ゆえにわれ有り」という反省の方が、より根源的ではないか、と主張しておられる（本書二七頁）。

さらに中村先生は、昔の日本人は、抽象的な思索は苦手であるから、生きているということを、西行は直感的に歌っているとして、

「年たけて　又こゆべしと　思ひきや　いのちなりけり　さ夜の中山」

を引用しておられる。〈生きている〉ということは、単に抽象的な思索の結果ではなく、だれでも日常生活において実感していることである、というのである（本書二七―二八頁）。

「中村倫理学」は、この〈生きている〉という自覚、反省から出発する。生きているからには、われわれにとって〈いのち〉の問題が最も重要であるとして、「生命」とは何であるか、という

問題が最初に取り上げられている。

生命は、デカルトがその反省の出発点とした自己とは異なったものである。原始人においては、種々の民族において、息と生命とが同じように考えられていた。しかし近代科学の成立と共に、より精密な定義が求められたが、まだ現象のすべてを満足に説明できる定義はなく、生命に関しては、いまだ一定の定義は存在しないとして、自ら定義を求めて、先生の比較思想的方法による検討が開始される。

日本、ギリシャ、インドの思想はもちろんのこと、西洋のショーペンハウアー(Arthur Schopenhauer 1788-1860)、ドリーシュ (Hans A.E. Driesch 1867-1941)、ベルクソン (Henri Bergson 1859-1941)、モーガン (Lewis Henry Morgan 1818-1881)、ラッセル (Bertrand Arthur William Russell 1872-1970) などの生命に関する諸異説が比較検討されて後、中村先生は、生命原理をわれわれの奥にある説明のつかない衝動的な力であるとし、それを盲目的な「衝動力」と呼んでおられる（本書七二頁）。

その後、人格の尊厳の問題、「生きる」ということは他の生命を「食う」ことであるという悲しむべき現実の問題、「生命の尊重」、「肉食」、「安楽死」などの諸問題をも検討しておられる。さらに、中村先生は、結論的に、こころと身体とは、決して対立する二つのものではない、と述べ、目に見えるのは物質的な面だけであるが、それに即して何かが働いている。それがこころと名付けられているものである。このこころはあくまでも身体に即したものであり、しかもその身体は社会的連関の中に生きているもので、さらに目を馳せれば、宇宙的連関の中にあるといえるといっておられる。最後に自然環境の問題が論じられて、本書は終わっている。

科学技術創造立国というスローガンが声高に叫ばれるようになって久しいものがある。平成七年には「科学技術基本法」が施行された。いまやわが国の高等教育界は「科学技術創造立国」を指向し、人文・社会科学を軽視する傾向が顕著であるように思われる。果たして日本の教育はこれでよいのであろうか。科学的知識・方法は万能であろうか？　日本における倫理・道徳の衰退は、このような教育に起因するのではなかろうか？　中村先生は、別の書物（『合理主義—東と西のロジック—』青土社、二〇〇五）で

「科学的方法を人間生活に適用し、科学を発達させた結果として、人間生活の諸様相と、人間の思考・行動様式が、すっかり変化してしまった。それから生じた便益を何人も疑うことはできない。しかしそれらの成果について懸念を抱く思想家たちも現れた。

自然科学的知識はいかほど発展し、いかほど精密なものになろうとも、所詮は実在についての部分的理解にほかならない。それがあたかも全面的な理解として誤り解せられると、人間性そのものを見失うことになりはしないか？」（七一—七二頁）

と批判しておられる。科学技術社会における人間性の喪失の危機が再び痛感される今日である。本書においても、中村先生は、

「……また客観的自然界に関する限り、自然科学者の言うところを承認せざるを得ないが、しかし原子物理学にいかに精通しても、われわれがいかに生きるべきであるか、ということは解明されない」（三頁）

と、原子物理学にすべての科学技術を代表させて、その欠陥を指摘しておられる。

周知のように、オーム真理教においては、優秀な理科系の青年たちが主役であった。オーム真理教の松本智津夫被告の公判を傍聴し続けた直木賞作家の佐木隆三氏は、地下鉄サリン事件の実行役で治療省大臣であった林郁夫服役囚が、自分の口から「私は単なる心臓外科医として、専門ばかだったんです」と証言したことに注目し、高学歴の林服役囚などが松本被告の独善的な教義にはまってしまった理由を、教育の在り方に見出している。

広瀬健一被告の公判では、その指導教官であった教授が「自分が学んだ旧制高校のころは、哲学や文学がちゃんと教科にあった。しかし今の理科系の学生は無駄なことをしない。人生の意味について考えたり、文学書などを読んだりしていないのではないか」という趣旨の証言をしたと報道されている（『毎日新聞』平成六年二月一九日）。

昨今は、科学技術の発達が主な原因となって、宗教とか倫理とか道徳などについて語ることは、何か恥ずかしいような、時代遅れになりつつあるような感があることは否めない事実である。

しかし逆に科学技術の発達にともなって、臓器移植の問題、安楽死の問題、生命の尊厳の問題、クローン人間の問題、自然環境の問題、など従来存在しなかったような諸問題が、生命倫理学、環境倫理学の発達をうながし、その解決が人類の焦眉の急の問題として浮上してきている。

二〇世紀は、まさしく血塗られた「戦争の世紀」であった。しかし見方を変えれば、この「二〇世紀は、人間のみならずあらゆる生命の大量殺戮の世紀として、まさに(マイナスの意味で)『生命の世紀』であった」(安藤泰至「いのちへの問い」『岩波講座宗教7　生命――生老病死の宇宙』岩波書店、二〇〇四、三一〇頁)という。

この「戦争の世紀・生命の世紀」に八六年の全生涯を研究と思索に捧げ、東西の思想に精通した中村先生の「慈悲の倫理」――すなわち、『〈東洋〉の倫理』『〈生きる道〉の倫理』そして『〈生命〉の倫理』を最終巻とするこの三部作は、九・一一ニューヨークの同時多発テロではじまった二一世紀の全人類と全生類が乗っている地球丸の進路を指し示す羅針盤となるであろう。

平成一七年八月二日

東方学院長
財団法人東方研究会常務理事
前田　專學

著者略歴

1912 年　島根県松江市に生まれる。
1936 年　東京大学文学部印度哲学科卒。
1943 年　文学博士。
1954 年　東京大学教授。
1970 年　財団法人東方研究会設立。
1973 年　東方学院設立、東方学院長。東京大学名誉教授。
1977 年　文化勲章受章。
1984 年　勲一等瑞宝章受章。
1999 年　逝去。

著書に、『中村元選集〔決定版〕』全40巻、『構造倫理講座』全３巻（春秋社）、『論理の構造』全２巻（青土社）、『初期ヴェーダーンタ哲学史』全５巻（岩波書店）、『佛教語大辞典』全３巻（東京書籍）、ほか多数。

〈生命〉の倫理——構造倫理講座Ⅲ

二〇〇五年　九 月二〇日　初　版第一刷発行
二〇二一年一二月二〇日　新装版第一刷発行

著　者　中村　元
編　者　財団法人東方研究会
発行者　神田　明
発行所　株式会社春秋社
東京都千代田区外神田二―一八―六（〒一〇一―〇〇二一）
電話〇三―三二五五―九六一一　振替〇〇一八〇―六―二四八六一
https://www.shunjusha.co.jp/
印刷所　萩原印刷株式会社
装　丁　美柑和俊
定価はカバー等に表示してあります
 ISBN 978-4-393-31310-7

決定版　中村元選集　全32巻別巻8巻

第1巻　インド人の思惟方法　東洋人の思惟方法Ⅰ
第2巻　シナ人の思惟方法　東洋人の思惟方法Ⅱ
第3巻　日本人の思惟方法　東洋人の思惟方法Ⅲ
第4巻　チベット人・韓国人の思惟方法
　　　　東洋人の思惟方法Ⅳ
第5巻　インド史Ⅰ
第6巻　インド史Ⅱ
第7巻　インド史Ⅲ
第8巻　ヴェーダの思想
第9巻　ウパニシャッドの思想
第10巻　思想の自由とジャイナ教
第11巻　ゴータマ・ブッダⅠ　原始仏教Ⅰ
第12巻　ゴータマ・ブッダⅡ　原始仏教Ⅱ
第13巻　仏弟子の生涯　原始仏教Ⅲ
第14巻　原始仏教の成立　原始仏教Ⅳ
第15巻　原始仏教の思想Ⅰ　原始仏教Ⅴ
第16巻　原始仏教の思想Ⅱ　原始仏教Ⅵ
第17巻　原始仏教の生活倫理　原始仏教Ⅶ
第18巻　原始仏教の社会思想　原始仏教Ⅷ
第19巻　インドと西洋の思想交流
第20巻　原始仏教から大乗仏教へ　大乗仏教Ⅰ
第21巻　大乗仏教の思想　大乗仏教Ⅱ
第22巻　空の論理　大乗仏教Ⅲ
第23巻　仏教美術に生きる理想　大乗仏教Ⅳ
第24巻　ヨーガとサーンキヤの思想
　　　　インド六派哲学Ⅰ
第25巻　ニヤーヤとヴァイシェーシカの思想
　　　　インド六派哲学Ⅱ
第26巻　ミーマーンサーと文法学の思想
　　　　インド六派哲学Ⅲ
第27巻　ヴェーダーンタ思想の展開
　　　　インド六派哲学Ⅳ
第28巻　インドの哲学体系Ⅰ『全哲学綱要』訳註Ⅰ
第29巻　インドの哲学体系Ⅱ『全哲学綱要』訳註Ⅱ
第30巻　ヒンドゥー教と叙事詩
第31巻　近代インドの思想
第32巻　現代インドの思想

別巻　世界思想史　全4巻
1　古代思想
2　普遍思想
3　中世思想
4　近代思想

別巻　日本の思想　全4巻
5　東西文化の交流
6　聖徳太子
7　近世日本の批判的精神
8　日本宗教の近代性